好老师
征服后进生的
14堂课

应对问题学生的有效工具,让教育变得
轻松、生动、有效

[美] 伊丽莎白·布鲁瑞克斯 Elizabeth Breaux 著

中国青年出版社
CHINA YOUTH PRESS

图书在版编目（CIP）数据

好老师征服后进生的14堂课/（美）布鲁瑞克斯著；田丽，魏蓝，王琳译.
—北京：中国青年出版社，2010.8
书名原文：how to reach & teach all students–Simplified By Elizabeth Breaux.
ISBN 978-7-5006-9381-9

Ⅰ.好… Ⅱ.①布…②田…③魏…④王… Ⅲ.教师—工作—方法 Ⅳ.G451

中国版本图书馆CIP数据核字（2010）第112088号

how to reach & teach all students-Simplified By Elizabeth Breaux.
Copyright © 2007 by Taylor & Francis.
All Rights Reserved. Authorized translation from the English language edition published by Routledge, a member of the Taylor & Francis Group, LLC. Copies of this book sold without a Taylor & Francis sticker on the cover are unauthorized and illegal.
This edition is authorized for sale throughout Mainland of China.
Simplified Chinese translation copyright © 2020 by China Youth Press.
All rights reserved.

好老师征服后进生的14堂课

作　　者：〔美〕伊丽莎白·布鲁瑞克斯
译　　者：田　丽　魏　蓝　王　琳
责任编辑：周　红
美术编辑：杜雨萃
出　　版：中国青年出版社
发　　行：北京中青文文化传媒有限公司
电　　话：010-65516873 / 65518035
公司网址：www.cyb.com.cn
购书网址：zqwts.tmall.com
印　　刷：大厂回族自治县益利印刷有限公司
版　　次：2013年3月第2版
印　　次：2020年10月第8次印刷
开　　本：787×1092　1/16
字　　数：108千字
印　　张：10.5
京权图字：01-2010-2846
书　　号：ISBN 978-7-5006-9381-9
定　　价：39.90元

版权声明

未经出版人事先书面许可，对本出版物的任何部分不得以任何方式或途径复制或传播，包括但不限于复印、录制、录音，或通过任何数据库、在线信息、数字化产品或可检索的系统。

中青版图书，版权所有，盗版必究

目录
CONTENTS

前言　事半功倍的教育策略 / 005

第一部分　如何深入学生内心 / 009

第 1 堂课　用心打造第一印象 / 0/11

第 2 堂课　好学生是表扬出来的 / 018

第 3 堂课　做有主见、有控制力的老师 / 026

第 4 堂课　三个简单步骤，让教学过程更完美 / 035

第 5 堂课　以身作则，令行禁止 / 046

第 6 堂课　积极争取家长的支持 / 058

第 7 堂课　避免正面冲突，做到双赢 / 068

第 8 堂课　老师，你的爱无处不在 / 081

第 9 堂课　教师就是学生的榜样 / 092

第一部分小结 / 101

目录
CONTENTS

第二部分　如何转化后进生 / 103

第 10 堂课　营造井然有序的课堂环境 / 105

第 11 堂课　什么才是真正的有效教学 / 114

第 12 堂课　把知识融入现实生活 / 124

第 13 堂课　因材施教 / 141

第 14 堂课　运用"说明型评分"手段 / 153

第二部分小结 / 163

前 言
PREFACE

事半功倍的教育策略

一个孩子缓缓向我走来

像一只疲惫不堪、满身污浊的白鸽

漫无目的地挥动着翅膀

好像对周围所有人和事都怀有敌意

又好像对什么都不在乎

遭人拒绝,受人嘲笑,被人误解

他受伤了,肉体上和心灵上;等待有人来抚慰

我必须先走近他,了解他

然后才能帮助他,让他重新飞上湛蓝的天空

——伊丽莎白·布鲁瑞克斯

从几十年教学经验中学到的

- 我深知教育是一项艰辛的工作。
- 我深知人们通常对教师职业的描述,只是教师责任的开始。
- 我深知学生尽管各有特点,内心却非常相似。
- 我深知每个学生都是可以被了解并且被教育的个体。
- 我深知学生渴望行为和思想果断的老师。
- 我深知学生憎恨成人的缺点。
- 我深知学生的成长需要一个平静有序、充满关爱的环境。
- 我深知学生尊重权威,只要权威是公平、和蔼、充满关爱和真诚的。
- 我深知教师的素质是学生成功与否的决定性因素。

关于本书

本书会带你走进课堂,直面当前许多教师都必须应对的共同挑战。每个章节会给出一个典型的教学案例,接下来的部分会告诉你该怎么做和不应该怎么做,最后再进行总结。

第一部分共有九章,阐述应该如何深入学生内心。第二部分共有五章,教给你该如何潜移默化地影响学生。阅读每个章节时,毫无疑问,会让你禁不住联想起以前的老师,现在的同事,还有你自己。我希望作为教师的你,在即将过去的每一天、每一年里都会不断进步,更加自信,成为一名更优秀的老师。请永远把这句话铭记在心:学生第一!

本书将帮助你实现

- 如果你真正想让学生们的人生有所改变,
- 如果你希望成为课堂的有效管理者,
- 如果你希望了解每一位学生,从而教育每一位学生,
- 如果你想为学生创造一个平静有序、充满关爱的环境,
- 如果你想成为影响学生成功的关键因素,

这本书就是为你量身打造的!让你实现事半功倍的教育成效,赢得信任,走进学生心灵,使后进生快速成为优秀生。

HOW TO REACH ALL STUDENTS

第一部分

如何深入学生内心

小教室改变全世界

它是一只出生不久的小狗,我必须要对它付出我的关爱
从它的眼神里,我看到了信任
这种信任来之不易
因为它曾经被殴打、虐待、抛弃、冷落、责难、利用
我俯身把它抱在怀中,它浑身发抖地盯着我
眼神中充满了期盼
期盼着我是可以依赖,能将生命托付的对象
我必须不能让它失望;我是它生命中最后一根稻草
是它获得幸福、关爱和仁慈的最后机会
我时常会想起上面这一幕
从我张开手臂抱起它的那一刻起,它就不再孤单
我还会想起我们在一起的美好时光
所以我祈祷能同样把学生揽在怀里,拉近心与心的距离
让他们知道,他们是我生命的一部分
我会给他们成长的信心、骄傲和渴望
我会了解他们、教育他们,让他们学会明辨是非
我手中掌握着开启世界的钥匙
将会带给每个孩子无限可能
让我在这间小小的教室里改变整个世界,每时,每分,每秒
并且我明白,只有胸怀对学生的爱
校园里的一切才会放发出美丽的光辉

第 1 堂课
用心打造第一印象

我是学生

您是成年人,而我是学生
因此您要谦逊
言必信,行必果
我会学着您的一言一行来做事情
我会仔细观察您的每个举动、行为、反应和态度
当您告诉我做得很好时,我会坚持下去
当您期望我做得更好时,您会看到表现最好的我
和蔼的态度和动人的微笑会拉近我们的距离
如果您看着我的眼睛,我会扬起脸庞
如果您沉静而和善,我也会同样的沉静
给我一次选择的机会,我一定能做出正确的选择
告诉我从没表现得如此好
我会不顾一切地跨越障碍,迎接挑战
但是当我受挫、好似重重地跌落时,请您千万不要放弃我
请您继续支持我,我会很快振作起来,重新开始

请你回忆上学时最喜爱的一位老师,接着回忆最不喜爱的一位老师。我想,你对他们的印象很有可能会同样清晰。无论是好是坏,他们都给你留下了深刻的印象。这种积极的或者消极的印象会持续很久。可能一开始你并没有意识到这些,但从开学见到老师的第一天起,你就已经知道自己是真的喜欢这位老师,还是将在接下来的日子里度日如年。

作为教师,开学第一天留给学生的第一印象至关重要。学生会从见到你开始就从头到脚地观察你。他们就像看钟表一样地仔细盯着你,你的一言一行、一举一动都会在他们的脑海里留下印记。

开学伊始老师给学生留下的第一印象将会为整个学期定下基调,其重要性就像教学楼的地基一样。"可是现在已经开学一个月了,那该怎么办?"你可能会产生这样的疑问,"是不是要等到下个学期开学时,再做一些改变?"答案毫无疑问是否定的!这是关于教育的重大问题。在工作中,我经常会接触一些新教师,我常常对他们说:"如果你想有一个新的开始,那么随时都可以!"当然,最好的情况是,我们在开学初就把基础打好,这样就不必在学期中再修修补补。但是,如果有必要,我们就必须把没有打好的基础修补好。在这一过程中要注意:集中精力,一次调整到位。睁大眼睛,紧盯教学中出现的漏洞,在大厦摇摇欲坠之前,赶紧把它修葺好。

再来回忆一下,在你的学生时代,开学第一天你期待什么样的老师?又期待从教师、校长、辅导员、班主任身上得到怎样的教诲?你的学生在你身上是否能看到你自己当年所期待的那些东西?

几年前,我去本地的一所中学访问,调查了一组六年级的学生。我让这些学生说说自己这学期最喜欢的老师(他们这学期共有五位科任老师），让他们说出最喜欢的老师身上的一种素质（不必说出老师的名字）。我对这所学校所有教师都非常了解，因此从他们对老师的描述中就能猜出他们指的是谁。下面是他们对自己所喜爱的老师的描述：

- 她对我们所有同学都非常友善。
- 我的老师非常关心我们，她说我们就像她的孩子一样。
- 我的老师经常说，她觉得做老师非常幸福，她热爱这份工作。
- 老师非常喜欢我。他经常帮助我，还有其他的同学。
- 我在有些课上表现得不好，但在她的课上我从不惹麻烦。
- 她总鼓励我们多动手，当然她也会帮助我们，我的成绩总是很优秀。
- 她的课非常有趣。
- 有时，我抬头看看表，已经下课了。可我以为才刚刚上课。
- 她从来不对我们发火或者大呼小叫，我们的表现都非常好。
- 一走进她的教室，我就不由自主地想好好表现。
- 我们上课时会做很多有趣的活动，我们的表现都有成绩记录，我觉得非常有趣。
- 每当我表现出色时，她都会给我妈妈寄去一张字条。这一张张写满表扬的字条就贴在我家的冰箱上。

想象一下你的学生会如何描述你。他们会用哪句话来形容你呢？

教学案例

今天是新学期的第一天,教学楼里响起了上课铃声。这里不是一所普通的中学,而是一所非传统学校(Alternative School),专门招收那些在学校不好好上课、经常被停课或者被学校开除的学生。来这儿的学生大多数都是怀着一种惴惴不安的心情走进教室的,因为他们害怕受到严厉的批评。他们几乎都是某些人决定的"受害者",没有人愿意主动上这儿来。显然,即使是开学第一天,这儿也不会有人心情激动,这不会是令人高兴的一天。

15年前,倪老师(指代以学生为中心的老师)和吴老师(指以自我为中心的老师)同时来到这所学校教书。通过十几年的教学实践,她们在如何教育这些"问题"学生方面都积累了丰富的经验,也都树立了自己的口碑。学校校长可以开诚布公地告诉你,倪老师的课堂上很少会出现纪律问题。她也会告诉你,由老师们提交的年度"纪律处罚表",绝大部分都来自吴老师。

正例

离上课还有10分钟,倪老师已经站在教室门口了。像往常一样,她带着迷人的微笑和快乐的语调,和走进教室的同学们握手,或者拍拍他们的肩膀。孩子们一走进教室,立刻就被友好的气氛所感染了。教室墙上到处贴着表示欢迎的标语,每位同学的桌子上还摆放着装着礼物的袋子。倪老师把椅子搬到教室过道中间,让学生们围着她坐下。她仔细地看了看面前的这20双眼睛,似乎能透过这些眼睛,直视他们的心灵。当倪老师确定所有同学的注意力都在自己身上时,开始说道:"如果我现在要与你们分享年轻时的一些经历,有些事情我是羞于告诉你们的。今天我并不是想跟大家聊我的过去,而是想让你们知道,我们每个人都曾做过一些不光彩的事。你们今天坐在这里是因为犯过错,但那些错误都已经过去了,就像我做过的错事一样。我们没有必要在这里探讨这些错误,但应该牢记住它们,作为以后不会再犯的警示。我并不在意你们为什么来到这里,只在意从今天起你们怎么表现,而你们今后的表现才真正对你们影响深远。"

倪老师的开场白毫无疑问地抓住了在场学生的心。接着,她乘胜追击,利用学生高度集中的注意力,开始了她最喜欢的一个热身活动,"现在,我给大家15秒钟的时间,请大家环视一下教室,尽可能多地找出棕色的物体。15秒钟后,大家必须低下头,在纸上写下至少10种棕色物体。记住,当我说停止时,大家的眼睛一定要盯着桌子上的纸,开始动笔写。这个活动测试的是你在15秒内的记忆力。"(细心的你一定会发现学生们已经开始环顾教室了。)

"好,"倪老师说,"预备,开始!"学生们开始迫不及待地扫视教室里的各个角落,从天花板到地板。而此时倪老师也在不停地鼓励大家:"棕色,棕色,棕色的东西!"15秒钟的时间到了,倪老师叫停:"好!现在开始低头,眼睛只能看着手里的纸,不许抬头。靠记忆力写下10种绿色的东西!"嘀嘀咕咕的抱怨声从四处传来。"怎么是绿色?"一位同学问道。"是的,绿色!眼睛盯着纸,不许抬头,"倪老师说,"只写绿色的东西,能写多少写多少!"

几秒钟后,倪老师让学生停下来,让他们抬起头。"怎么样?"倪老师问。"可是您刚才让我们找棕色的东西。"学生回答。"对!我确实说过。有谁能列出10种以上棕色的东西?"所有的学生都举起了手。"有谁不能列出10种以上绿色的东西？"所有的同学又都举起了手！"谁能告诉我，为什么你们在列举绿色事物时遇到了麻烦？我们现在环视一下教室，其实绿色的东西远比棕色的多。"倪老师说道。"可是您让我们找棕色的东西，我们就照做了，我们没有找绿色的。"一位学生解释道，其他学生也纷纷表示同意。

"那么，"倪老师说，"也就是说，因为过度专注于棕色，你们只看到了棕色的事物，而对周围所有绿色的事物完全视而不见？""哦，我明白了！"一位同学突然说，"当我们过于关注其他事物时，我们就不能专心学习。""非常正确！"倪老师说。这个活动的目的达到了！

倪老师回到椅子上，再次把目光投向这20双专注的眼眸，说："我想再次强调，我们关注的是大家从今天起的表现，这才是对大家来说最重要的。我们不能松懈，否则我们就会失去方向。我们不能忘记过去，因为如果淡忘过去，就会重蹈覆辙。我们必须用过去的错误告诫自己加倍专注于美好的未来。让我们从今天开始吧！"

👎 反例

走廊里，另一个班的学生开始走进吴老师的教室。吴老师正在门口等待学生，她对学生的问候非常客套，看上去心情并不愉快。实际上，她正在与对面教室的老师说话，并没有太注意陆续走进教室的学生。在这里，听不到"欢迎"、"你好"、"很高兴见到你"之类表示欢迎的话语。上课铃一响，吴老师就"啪"的一声关上了门——这是她每天必用的招数，用来向同学们宣布，是我在控制着整个教室。吴老师接着开始使用常用的第二招，把一沓厚厚的"纪律处罚表"重重地放在讲台上,作为对学生持续的威胁。

吴老师把课本发给学生,让他们翻到第一页,开始读课文。每个学生都极不情愿地照做了——只有少数人真正在读,其他多数人都在装模作样。

两位老师在开学第一天都给学生留下了难以忘怀的印象。毫无疑问,每位同学心中都明白,在接下来的这个学期里老师会带给他们什么。第二天上课时,倪老师班上的学生会带着轻松愉悦的心情走进教室,期待着老师再次带给他们惊喜,他们知道一定会有惊喜等着他们。你看到了,倪老师运用自己的聪明智慧,精心设计了开场白和课堂活动来吸引学生,让学生充满了期待,而在以后的课程中倪老师必须不断努力,满足学生期待的心情。做到这一点非常不容易,但是倪老师懂得,教育学生的唯一途径就是先了解他们。

吴老师的学生们也很清楚第二天在课堂上会听到什么。他们的想法和举止在走进教室的一瞬间奇迹般地发生了变化:思维不自觉地迟钝了,自我控制力逐渐失去了(而这种控制力在倪老师的班上已经开始产生神奇的效果了)。他们原本热切、活跃,却在吴老师的课堂上丧失信心,不再期待。在吴老师的课堂上,没有出人意料的惊喜,有的是每天不得不填写的"纪律处罚表"——这些表格会让他们奔走于教师办公室和教室之间,有时甚至要去校长办公室。

第 2 堂课
好学生是表扬出来的

伤害学生的话，请不要说出口

我终于发现，我的态度是有感染力的
它的力量弥漫在整个教室，让我们镇定，给我们保护
它让许多人对我的教室产生好奇
并且慨叹怎么没碰到那么好的学生（为什么自己的学生总令人生厌）
他们看着我的学生走进教室时脸上表情的转变
但是他们没有询问我的"法宝"是什么，
可能怕自己没面子
我的"法宝"其实很简单：不要说伤害学生的话
我只是发现每位同学的优点，把这些优点说出来，大声地说出来

当有人赞扬你工作出色时，你是什么心情？一定感觉很不错吧！实际上，人们对感谢与赞扬天生是缺乏免疫力的。它们就像一种会让人上瘾的药物，在给我们带来美好感觉的同时还让我们不断渴望得到更多。

事实已经无数次地证明，乐观积极的人更有可能实现他们的人生目标。积极的人周围总能吸引更多积极的人，因为愉快的心情会在他们之间传递。幸运之神似乎总垂青于对未来抱着乐观想法的人。事实是，机会总留给有准备的人，命运是由我们自己的思维模式和行动创造的。

没有哪里会比课堂更能证明这一点。积极乐观的老师会培养出积极乐观的学生，学生的态度和表现最终都是在模仿他们的老师——无论是好的还是不好的，积极的还是消极的。如果你真的相信这点，你很快会发现自己能够凭借态度和行为来让整个课堂彻底改观，你拥有这种力量。

不幸的是，我们老师在给学生挑毛病方面已经非常熟练。我们似乎在这些问题还没出现时就能预见它的来临，我们甚至好像是在专门等待着它出现！一旦发现学生出错，我们那些颐指气使的手势、批评会立即喷涌而出。但是我们往往忽略了，课堂上随时随地都有闪光的地方。只要我们稍加注意，对这些闪光之处敏感一些（对问题多些包容），我们就能完全改变课堂气氛。我们真的拥有这样的力量！

教学案例

今天是瑞兹中学开学第一天。瑞兹中学坐落于市中心的贫民区，学生大多来自于贫困家庭。这里的学生不好管理，学校的升学率不高，老师的教学热情都很低迷。我们来看看在这里任教的两位老师：

季老师（指代积极的老师）和肖老师（指代消极的老师）。她们同时教七年级，都是经验丰富的教师。季老师把学生带来的挑战视作激励自己成长的机会，而肖老师则认为自己是学生、教学主管、家庭甚至整个社会的"受害者"，完全放弃了努力。

同一所学校，同一个年级，同样的学生……但是，老师不同的态度会带来完全不同的结果。

👍 正例

上课铃响了，学生们带着几分急切进入教室。今天是开学第一天，学生们心中对新学期充满兴奋和期待。季老师已经站在教室门口了，她用微笑迎接每一位走进教室的同学。

季老师明白，积极的态度会培育出更加积极的心态，所以她准备立刻开始将积极的种子播种在孩子们的心田。上课铃响了，季老师关上门，面对学生说："天哪！我从事教学已经有十几年了，却从没见过走路如此安静、坐得这么整齐的班级！看来今年一定是我的幸运年！谢谢你们！谢谢你们！"毫无疑问，这个精心设计的开场白会确保学生们今天的良好表现在明天得到继续。到了明天，当学生们再走进教室时，一定会想起老师昨天的感谢与表扬，自然会努力做得更好。他们已经知道，在这个教室里这种行为是被认可而且会被奖励的。

在季老师多年从教生涯中，她总结出一些经验：一些积极正确的做法，需要不断地给予肯定、表扬、鼓励和感谢，才能持续。作为教师，我们常常认为学生的正确做法是理所当然的，从不会停下来让学生知道，我们对他们的做法有多么肯定。季老师体会到，想让所有积极的行为持续，就必须让学生知道这种行为是被认可的，并不断地鼓励学生。

在开学的第一天，我们发现季老师肯定并表扬学生的事项有：

- 安静地走进教室
- 集中注意力听老师讲话
- 发言之前举手
- 带着课本来教室
- 按照老师的要求做
- 离开教室之前，随手带走垃圾
- 安静地离开教室，去食堂吃饭

如果学生没有这样做呢？季老师也有办法让学生按照自己的期望来做。她是怎么做到的呢？季老师在学生做这些事之前，就已经开始表扬学生了。如果季老师看见地上有一张废纸，她会先让旁边的学生帮她把纸捡起来，然后再感谢他，学生自然会照着去做。第一天上课前，她就告诉学生，如果学生在发言之前能举手，她会非常感激，同时补充说："如果许多人同时讲话，我会听不清楚。"

就连对学生的批评，季老师也能用积极和表扬的口吻表达："我非常喜欢你文章的题目。看得出来，你的思路非常开阔。如果再把文章里这些细节的顺序调整一下，就会更完美了。我建议你先举例子，然后在例子的基础上论述，你觉得呢？改完之后请马上给我看看，我非常期待！"

季老师知道就连消极的事情也可以用积极的方法来处理，她一直遵循一个理念：没有坏孩子，只有错误的判断。季老师始终认为老

谢谢我

我的老师对许多事情会都说"谢谢你"
甚至是容易忽略的小事情
亲爱的老师啊,我想告诉您
希望您能够一直这样

当您因为一些小事感谢我
出乎意料的"谢谢"总让我很感动
想做些坏事情的想法(有时我也会想)
很快就消失了

我们需要您的关注
无论是因为我们的优点还是缺点
看起来坏孩子总能得到您更多的关注
表现好的孩子容易被忽视

所以当我微笑着,整齐地走在队列中,请谢谢我
当我按时走进教室,认真听课时,请谢谢我
当我认真地完成作业时,请谢谢我
这样,您会看到一个更优秀的我
为了您的表扬,我愿意付出一切努力

师一定不能对学生本人进行言语攻击，只能对他们错误的判断进行批评。

季老师还知道她的积极态度不能时有时无或者逐渐减弱，它必须深深植入每天的课堂设计里，让她和她的学生们愉快、乐观，直至最后走向成功。

👎 反例

甚至在还不认识肖老师的时候，肖老师的学生就已经在迈进教室的那一分钟开始受打击了。"我的课堂上，不允许同学把衬衫放在裤子外面在教室里走来走去！"肖老师对着其中一位学生说。"如果还有同学打算穿成这样走进教室，他就大错特错了。"肖老师接着说。在学校新学期的第一次上课铃敲响之前，肖老师已经让同学们焦虑不安了。肖老师没有发现教室里其他20名同学都穿得整整齐齐，她本应该抓住时机对这些同学表扬一番，却不幸失去了一次良机！其实，多数情况下，只要我们简单地表扬那些守规矩的同学，那些没有遵守的同学就会意识到错误，就会很快改正。肖老师本应该让学生们检查一下自己的衣着——扣子是否扣好，衬衫是否塞进裤子，然后再谢谢同学们的积极配合，学生就会非常自然地整理好自己的衣着。

上课铃响了，肖老师立刻给自己的课堂定下规矩：

- 如果你打算上课说话，就请站到讲台上来说。
- 你们当中一些人，已经是第二次出现在这个班里了。我希望你们能吸取教训，不要想着蒙混过关。
- 如果哪位同学想上课捣乱，那么下课后就先别走。

令人感到吃惊——同时又可以让人理解——在这节课的前几分钟里,肖老师在学生面前已经流露出她的态度,这恰恰反映了她自身的思维方式。肖老师话音未落,几个学生已经开始做出令她生气的各种举动:

- 咬嘴唇
- 眼珠乱转
- 玩铅笔
- 小声嘀咕
- 翻开笔记本,把里面的纸卷起来
- 假装没听见
- 甚至开始在教室里走动

以上这些场景你是否觉得很熟悉?肖老师在上课第一天就开始疏远她的学生,在这学期接下来的时间里,肖老师的课堂会变成什么样,我就不再细述,不过我想你也能猜个大概。总之,肖老师在整个学期里几乎都不会肯定和表扬学生。她不认为对于学生们完成了自己的分内之事应该给予赞赏,而这样的观点只会让更多的机会逐渐消失……

老师上课时的态度就是在强调积极因素或者放大消极因素这两者之间进行选择。如果你想让课堂气氛积极活跃,学生们都踊跃表

现，认真完成老师布置的任务，就请你开始发现并强调学生的积极行为——不只是偶尔，而是随时随地。如果你还不习惯这样做，那请从现在开始慢慢练习。相信我，这样做真的百利而无一害。试着将你的课堂上出现的所有积极行为列一个准确的清单，比如你可以这样写：

- 上课时，按照要求带来课本
- 按时交作业
- 课堂上积极配合老师
- 发言之前举手
- 捡起教室内的垃圾
- 主动参加课堂活动
- 帮助其他同学
- 有礼貌，经常说"谢谢"、"对不起"或"不客气"
- 主动提出为老师帮忙
- 帮老师分发作业和资料
- 作文的概括句新颖，独具匠心（如果文章的其他部分写得都不好，首先找出其中的可取之处，学生自然就知道该往哪个方向努力）

注意：表扬同学时，一定要真诚！学生能敏锐地觉察到你表扬里掺杂的客套话。如果你认为学生是很容易愚弄的，你就大错特错了。千万不要为了让学生沐浴在赞扬的氛围里，而对一般的甚至是不好的表现也提出表扬。要发掘学生真正的闪光点并赞扬它们，同时，不要忘记提醒学生改正自身的不足！

第 3 堂课
做有主见、有控制力的老师

在歇斯底里的喊叫声中,我们失去了……

你冲我大喊大叫,我对你也大喊大叫
除此之外,我们还能做什么?
我们互相怒吼,直到嗓子干哑
气氛越来越紧张
最终,我们都精疲力竭,疲惫不堪
只剩下尴尬、沮丧,各自的尊严已无力挽回
仔细想想我们之间的矛盾,无非是你想让我们做"正确"的事
你总督促我们把所有的事情都做好
难道没发现我们之间缺少了信任和尊重
其实我们也在聆听你的教导,也许只是做对了一些
下一次交流时,我们都应该认真听听对方的倾诉
如果真的能这样,我们就能找回在喊叫声中失去的

在这章开始之前,我们先确认一下是否我们每个人都知道控制与独断专行之间存在的巨大差异。

有主见和有控制力的人充满自信,执行力强。他们能够很好地控制教室里发生的各种状况,同时又不会失去学生们的尊重。他们从来不会大喊大叫、专横独断或者傲慢自大,但是一切又尽在掌握之中。

相反,专断的人则易怒,常怀有敌意,喜欢用语言暴力解决问题。专断的人常常会在企图控制别人时,失去对自己的控制。换句话说,为了控制别人,他们首先失去自我控制。

这两种类型的老师我们都见过很多,下面是他们各自的一些特点。

有控制力的老师

- 从来没有想过利用老师的身份,管教学生。
- 尊重学生,期待学生同样尊重自己。
- 规则及制度的执行前后一致、一视同仁。
- 从来不会让学生难堪,尤其是在其他同学面前。
- 深知如果学生不喜欢老师,学生和老师之间就会竖起一堵墙,师生之间传递知识就无从谈起。
- 从来不会对学生大喊大叫。
- 严格但友善。
- 知道学生经常犯错,对这些常犯的错误进行严厉的惩罚(惩罚的力度总与错误情况相匹配,而且惩罚制度一旦制定,对所有的学生都一视同仁)。
- 知道老师的行为是学生的榜样,时刻严格要求自己。
- 善于发现学生身上的闪光点,并在适当的时机给予表扬。

- 不会轻易向学校领导报告学生存在的问题,尽量不找校长来给学生训话。

性格专断的老师

- 经常利用老师的权威压制学生。
- 不尊重学生,也不期望学生尊重自己。
- 经常让学生很难堪。
- 在规章制度的执行上,不能前后一致或一视同仁,让学生感到不公平。
- 不在乎学生是否喜欢他们,或者是否喜欢上他们的课。
- 很少与学生家长联系。一旦与家长联系,一定是就学生的表现告状。
- 认为他们被学生所累。
- 常常对着学生大喊大叫。
- 总能发现学生身上的缺点和不足。
- 经常把"纪律处罚表"用作威慑学生的手段,总是指望通过校长让学生好好表现。

这的确是非常重要的选择。你想不想做那个能够成功控制课堂的人呢?如果答案是肯定的——当然会是肯定的——你就必须了解你需要具备哪些能力。首先,用前面的列表来对照一下你自己:哪些行为是你平常表现得最多的?

在下面这个例子里,让我们一起走进 I.M.N 小学五年级的教室。有两个班的任课教师一同去参加教师培训,她们都要缺一天课。这样，我们会看到，两名代课教师在任课教师不在的情况下，如何管理和控制班级。我们都知道一位好的代课老师对学生来说有多么重要。尽管我们知道没有人能真正取代任课教师，但我们至少希望代课的老师能把课堂控制住。我们知道，稍有不慎，我们这些小天使就会不小心折断翅膀——我们不希望任何一位代课老师导致这种状况发生。

我记得，每次不得不请假时，我总是尽量寻找一位控制力强的老师代我上课。我还记得我曾取消一次安排好的旅行，因为请来代课的那位老师几乎具备前面列出的专断老师的所有特征，这是我绝对不希望我的学生经历的。

教学案例

今天是I.M.N小学五年级老师接受集体培训的日子，学校为五年级的每个班级都找到了代课老师。所有学生都接到了通知，大家都在猜测代课老师是什么样的。

我们现在就走进两个五年级的班级。这两个班的学生平时都表现非常好，遵守上课纪律，学习气氛浓厚。但是，我们都知道，就连最好的学生在面对新老师时表现也会有所不同。我们还知道在同一天找到5位代课老师是项多么艰巨的任务：在同一天内，找到5位能完成教学任务，同时又能很好地控制课堂的老师几乎是不可能的，就算在I.M.N小学也是不可能的！

任课老师已经把今天的课程安排好了，为学生布置了作业。我们就来看看其中两位非常引人注目、才能出众、负有威望的老师在课堂上是怎么表现的。

👍 正例

代课的孔老师（指代控制力强的老师）很早就来到教室，熟悉课程并且准备所需的资料、教具。他还拿出学生名单，放到显眼的位置。他发现任课老师留给他一份学生的座次表，于是他把这张表也放在桌子上。

任课教师还在桌子上留下了一份自己制定的课堂纪律守则和教学手册，孔老师利用课前的30分钟仔细地将它读了一遍。离上课还有10分钟时，孔老师离开教室，朝学校的礼堂走去——他要去那儿迎接他的学生。（教学手册上注明，学生们早上在礼堂的十二区集合。）

孔老师走到礼堂的第十二区，同学们都知道即将有一位新老师为他们代课，一时间几乎所有的目光都盯着他。孔老师发现全班还有一半同学没有坐好，于是他用自然轻快的口吻跟同学们打招呼："大家早上好！你们这个班真不错！一半的同学已经坐好等我了，我想另一半同学马上也能坐好！"（站着的同学立即就坐下了。）"首先，"孔老师说，"让我们按照以往的顺序站好队，安静地走回教室。回到教室之后请大家像往常一样在10秒内坐好，我将向你们介绍自己，同时认识大家，然后布置今天的学习内容。另外，我想跟大家说，你们这个班真的不错，今天我们一定会配合得非常愉快！请容许我提前感谢大家今天将会给予我的帮助。好，现在我们就排好队，安安静静地走回教室吧。"

因为孔老师之前看过教学手册，所以他知道学生们在进教室后通常需要10秒钟的时间坐好。孔老师还知道，如果不及时提醒学生，他们会故意不遵守规定，拖延时间。如果不使用一些"语言技巧"，让礼堂里站着的学生都坐下来将会是件令人头疼的事。接下来,为了让学生安静地走回教室,并在进教室之后10秒钟之内按座次表坐好,孔老师继续运用了这些"语言技巧"。

接下来的课程进行得非常顺利:完成既定的教学内容,做练习复习巩固,赞扬和感激声不断。没有学生被叫到办公室去,任课老师布置的所有任务都完成了,所有的学生都非常开心。在一天的课程即将结束时,孔老师又表扬了这个班的同学。

第二天,任课教师回到班上时,她发现教室里一切整齐有序,就像她刚刚离开时的样子。学生作业整齐地放在桌子上,等待她批改。在她的椅子上,孔老师给她留了一张向她表示感谢的字条,感谢她给了自己一次机会,能与五年级班上如此优秀的同学们共度一天的美好时光。毫无疑问,任课老师会在上课前把这张字条读给学生们听,与大家一起分享这份感激和喜悦。

👎 反例

早上,上课铃响了,管老师(指代生性格专横的老师)不明白教室里怎么一个学生都没有。(显然,管老师并没有提前阅读教学手册,熟悉教学流程。)他走到走廊,发现其他班的老师们正领着学生们从楼梯走上来,走进各自的教室。他赶忙询问了隔壁教室的老师,才知道学生们正在礼堂等他。

管老师很生气。"怎么没人提前告诉我?"他一边嘟囔着,一边朝楼梯急匆匆地走去。(毫无疑问,管老师即将迎来倒霉的一天。他正在过早地失去自我控制。)

在礼堂里等待的学生们几乎都站着,大声说笑,享受着老师不在的"幸福时光"。管老师用他一贯的"老师"口吻说:"大家都排队站好!今天你们要再这样的话,就别怪我不客气了。从现在开始不许再胡闹了!"

学生们都睁大眼睛看着管老师,又是一阵喧哗后,极不情愿地排好队。他们已经知道今天的日子一定不好过。"你们怎么不跟着其他班的同学一起回教室?你们不是每天都这样吗?"孔老师带着怨气说。看着这位来者不善的新老师,有几个学生一边走,一边禁不住想要顶撞老师了。"走路时安静点!"管老师训斥道。"没有必要这样大声嚷嚷吧!"一个同学大声说,"你离我们这么近,我们都能听到!""听到了,你怎么还说话?"管老师吼道。"你看,"另一个学生说,"你又这么大声。""小伙子,你是不是想知道什么是真正的大喊大叫?要是你们现在不闭嘴,现在就让你们见识见识!"

学生们都不情愿地走进教室,管老师几乎是在咆哮了:"赶快闭上嘴,都坐好!你们老师留了许多任务,我不想再听到任何人讲话,一句也不行!"接着,管老师拿出专断型老师最喜欢用的招数:把厚厚一沓"纪律处罚表"砰的一声摔在讲台上,足以让每个学生都能清清楚楚地看见。可以想见,到今天课程结束时,这沓"纪律处罚表"一定会变得很薄。

总　结

与在生活中一样,在课堂上我们也不能控制别人,但是,我们却完全能控制自己。只有当我们很好地控制住自己时,其他人才会以我们为榜样，学着控制他们自己。而一旦这样的事情发生，我们看起来就好像控制住了他人。我常常听到，有的老师得到校长、主任或同事的赞扬，夸奖他能很好地控制课堂，而事实是他们首先很好地控制了自己。学生会以老师为榜样，潜移默化、自然而然地学会自我控制。实际上，我们是通过控制自我来带动别人控制好他们自己。

显然，孔老师是按照这一原则来开展教学的——他从来没有失去对自我的控制。

- 他不利用老师的身份来管教学生。
- 他非常尊重学生，也从学生那里得到同样的尊重。
- 对学生的管理，与原任课教师保持一致。
- 他没有给学生难堪。
- 第一次与学生见面打招呼时，他真诚地说："大家早上好！这个班真不错！"这一下子就拉近了与同学们之间的距离，学生们很快喜欢上他。
- 他从来不提高嗓门说话。
- 他既严厉又和善。
- 他成了学生们心中完美的榜样。
- 从第一次见面开始他就注意发掘学生的优点。
- 他没有借用校长、主任的权威来管理学生，但他也知道必要时，该如何向他们寻求帮助。

孔老师将是这所学校和所有学生们都非常需要的老师，而管老师专断强横的形象很快就会在师生之间传开。如果我们回顾本章开头对性格专断老师特征的描述，你就会发现管老师与这些描述丝毫不差。

- 他很快就进入"老师"的角色，对学生进行管教。
- 他不尊重学生，反过来，学生也不尊重他。
- 他从一开始就没有主动了解学校的教学安排，因此惹了麻烦，而他却因为自己的错误谴责学生。
- 显然，他并不在乎是否与学生建立友好和睦的关系。
- 他一整天都对着学生大喊大叫。
- 他从没抓住时机对学生的良好表现提出表扬。比如，是他自己一大早没有按时去礼堂接学生，打乱了正常的教学秩序。他本可以利用这个机会，对学生提出表扬，表扬学生仍然留在礼堂等待老师到来，而不应该责怪学生站着说笑。
- 他用"纪律处罚表"作为威慑学生的手段，但是想想那天被记录和被叫到办公室的学生人数，我们就知道这张表根本就起不到作用。

注意：我们不能控制别人，但是我们能控制自己。为了很好地控制课堂，我们首先必须树立自我控制的良好榜样。只有坚持下去，别人才会赞叹：你的课堂管理得真好！

第 4 堂课
三个简单步骤,让教学过程更完美

请帮帮我

走进教室,我安静地坐下
刚要从地板上搬起一摞书
"坐到椅子上,站着干什么?"
我厌倦了这样大声斥责学生
我知道自己已经上百万次地重复这句话了
还要重复多少遍,他们才能听进去
一遍又一遍地重复相同的话
再重复一次,我就要失去理智了
为什么他们总是听不进去
我到底还应该怎么办
我曾经和善地说,也曾经生气地说
我曾经温柔地轻声细语,也曾经愤怒地大声叫喊
上帝,请告诉我,我该怎么做
请帮帮我,我非常困惑

你可能常常发出这样的感慨：为什么有些老师每年总能碰到好学生？

这些老师的学生：

- 他们的学生队列总是排列得笔直。
- 上课铃一响，坐得整整齐齐，准备上课。
- 问问题之前，一定先举手。
- 在离开座位之前，先举手征得老师的同意。
- 当老师布置小组活动时，他们会积极配合。
- 当老师让他们注意听讲时，他们会立刻聚精会神。
- 按时交作业。
- 成绩优异。
- 在离开教室之前，把自己手边的垃圾带走。
- 下课铃响了，在征得老师同意后，才离开教室。
- 有秩序地离开教室。

不要以为自己是在做梦！这种良好的表现每天都会出现在许多教室里，孩子们之所以会这样，并不是因为他们生来就是美丽的天使。事实上，如果仔细观察，你会发现有些学生在离开这间教室步入另一间后，表现就会大打折扣。这又是为什么呢？

只听这些老师的课也许你会奇怪，为什么他们的教学过程进行得如此顺畅，所有的任务都能完成。你要知道，在刚开学的几节课上，这些老师会反复强调课堂上必须遵守的规范，希望学生们能够积极配合。接下来一段时间，学生们要在课堂上按照这些要求去做，并逐步养成习惯。随堂听课的老师并没看到任课老师开始时付出的辛苦劳动——他们只看到高效运转的教学过程，看到老师在教学中找到乐趣，学生们也乐在其中！

在我们探讨课堂规范之前，我们首先来分辨一下课堂纪律和课堂规范之间的区别：

● 纪律一定会伴随着某些惩罚。学生如果违反了课堂纪律，那么就会受到一定程度的惩罚。（关于课堂纪律，我们会在第五章详细讲述。）

● 课堂规范能使老师的教学形式更好地发挥作用，教学能更流畅地进行。如果学生没有按照课程规范做，没有必要惩罚学生，除非在多次强调后，学生仍然故意不按照规范去做。在惩罚学生之前，最好能和学生进行一对一的谈话，询问学生不配合的原因，或者与学生家长联系，询问原因。

一个有效管理的课堂会有很多规范，但纪律很少。如果老师能有效地指导学生按照课堂规范去做，那么我们就不必总强调课堂纪律。

让学生们遵守课堂规范，从而圆满完成教学任务，主要有三个关键的步骤：

1. 教育
2. 练习
3. 执行

第一步，教育阶段。老师必须清楚地告知学生，课堂规范是什么，应该如何来做，给他们做示范。然后再重复，再示范。

第二步，练习阶段。老师必须让学生亲自按照规范来做。这将是一个有趣而奇妙的过程。这一过程可能是混乱的,但千万不要批评学生,要坚持鼓励他们,尽管他们会犯各种类型的错误,但要让学生知道,只有多次犯错才能帮助他们找到正确的方法。这样可以避免学生为了顶撞老师而故意犯错。

第三步,执行阶段。老师开始按照事先的规定要求学生。规范的执行必须前后一致且一视同仁,学生必须按照规范去做。不能因为某些学生做不到就不坚持。如果学生没有按规范做,老师就要提醒他,直到他改正并养成习惯。

> **注意**:关键词始终如一。始终如一是最重要的,老师必须在制定规范和执行规范时,前后使用同一标准,否则学生就不会认真对待。我看到过许多老师在具体执行规范时,不能坚持自己的初衷,放弃了制定规范时的标准。因此,一旦出现学生没有按照要求做的情况,一定要及时制止,否则,松散的状态和不落实规范的同学就会成为主流,不容易纠正。

学生也希望老师能坚持始终如一的严格要求。如果不这样,学生与老师之间就失去了信任。不幸的是,许多老师缺乏这种素质,因此抱怨自己遇到的总是"差生"。

教学案例

今天是开学第一天,李老师和王老师都焦急地等待着五年级学生的到来。这两位老师教的是五年级的同一个班,一个是上午上课,一个是下午上课。

李老师已经积累了多年的教学经验,他知道应该在开学第一天向学生详细说明课堂规范。王老师是新来的老师,还没有掌握太多教学技巧,但我们必须先清楚两位教师都具备优秀教师的基本素质:

- 她们都热爱教学。
- 她们都喜欢孩子。
- 她们的专业知识都很丰富。
- 她们也都善于传授知识。
- 她们都非常有计划、有条理。
- 她们都非常讨人喜欢。
- 她们都善于在课堂上营造学习氛围。

但是,她们在教学上存在着一个最显著的差异——这种差异让两个课堂看起来截然不同。显然,课堂差异并不是由学生之间的差异造成的,因为她们教的是相同的班级。

👍 正例

开学第一天,学生们排队走进李老师的教室里,队列走得很散漫。同学们坐好后,李老师首先与各位同学打招呼,然后开始向同学们详细讲解今后进教室之前的安排以及课堂规范。

"今天大家都走得非常好,"李老师对大家说,"不过从明天开始,我们将对进教室的程序有新的安排。我每天早上要在餐厅值班,所以我会指定在那里一个地方与大家集合。当预备铃一响,我们就在指定的地方集合，然后一起走进教室。现在，我就带着大家到餐厅去看一下明天集合的地方。我们可以假定今天正式开始，先演练一下。哦，对了，既然我们现在要离开这里去餐厅，我们正好可以演练一下以后每天中午去餐厅吃午饭的程序！我希望大家在去餐厅吃午饭的时候，先在教室里排好队，然后安静地走到餐厅，不要说话。（因为其他班的同学都在上课，我们不能打扰他们。）当然，如果必须要说话，请你把声音压低一点。那好，我们现在就开始吧！请记住，首先我们先演练一下安静地去餐厅；到了之后，我们再返回来，演练从餐厅走回教室，就像以后的每天早晨一样。"

李老师提醒学生，一旦他们在教室排好队准备离开教室，就不可以再说话。学生们排好队，老师带领他们离开教室，开始安静地走向餐厅。李老师对学生们出色的表现表示了感谢。如果你细心观察，就会发现一路上李老师把食指放在嘴唇上，不断提醒学生走路要安静。学生们到了餐厅之后，李老师又对大家说："你们做得太棒了——现在你们可以开口说话了！"（不过学生们依然保持安静。有时候当你让学生说话时，他们反而不张口了，非常有意思。）

接下来李老师告诉学生们将继续演练每天早上从餐厅去教室的过程。她先带着学生来到餐厅后面的几张桌子旁，这几张桌子在早餐时间通常都是闲置的。"每天早晨吃完早饭后，大家就直接坐到这几张桌子旁等我。等到铃声响了，我们就一起出发。等我的时候，你们可以自由地说话、看书或者写作业。现在，我希望你们每个人在这些桌子旁边找个位置坐好。"

所有的学生都坐好之后，李老师走到餐厅的前面，然后回过头来告诉学生，每天早晨她都在那儿值班。等到预备铃声一响，她就会过来叫他们集合。（李老师是想告诉学生，在她早上值班的地方，能清楚地看到学生们的表现。）

"好，现在我们假设铃响了，你们该怎么办？"几个学生大声回答："在这儿等着您！""对了，我忘了提醒大家了，说话之前要举手，否则，大家一起说，我会听不清楚。"几只小手马上举了起来。李老师让其中一个同学发言。"我们应该等您！"这位同学回答道。"对了！"李老师说，"这次我听清楚了！谢谢你能举手回答问题。这本来是我们回到教室后，我将给大家提的要求，不过我想大家都已经听明白了，对吧？好，现在大家把队伍排好，我们一起安静地走回教室。记住了，请不要说话，其他班还在上课！"

李老师把学生带回教室。（在路上，李老师又表扬了学生。她知道，赞扬和鼓励能让学生明天继续保持今天的表现。）到了教室门口，李老师让学生进入教室后，在座位上坐好。在学生全部坐好后，李老师把刚才演练过的走进教室的要求又重复了一遍。

李老师共提出并演练了以下五项：

- 每天早晨在餐厅指定的地方集合。
- 每天早晨排列整齐地走进教室。
- 安静地进入教室。
- 中午离开教室，排好队安静地去餐厅。
- 讲话之前要举手。

现在，李老师可以立刻开始让学生们坚持遵守这些规范了。但另一方面，因为今天还只是开学第一天，她其实希望有的同学会违反这些规范,这样她可以利用今天这个机会表扬一下认真执行的同学,顺便提醒一下没有按照要求做的同学。老师如果在说出要求后,立刻表扬正确的做法,纠正错误的做法,这就会向同学们传递一个信号:老师说到做到。

> **注意**:如果没能及时纠正学生错误的做法,那么你有可能会功亏于溃。过一会儿,看看王老师班上同学的表现就知道了!

在走进王老师的教室前,我们再来看看,李老师在开学的几天里都做了哪些事。下面列举了一些:

- 点名
- 为学生削铅笔
- 讲课
- 使用教学用具
- 分发教学资料
- 组织小组活动
- 组织学生倒垃圾
- 联系学生家长
- 组织召开家长会
- 进行课堂测试
- 记录学生平时成绩
- 参加教学例会

👎 反例

走进王老师的教室前，千万不要忘记这两位老师都具备优秀教师的基本素质：

- 她们都热爱教学。
- 她们都喜欢孩子。
- 她们的专业知识非常丰富。
- 她们也都善于传授知识。
- 她们都非常有计划、有条理。
- 她们都非常讨人喜欢。
- 她们善于在课堂上营造学习氛围。

但你会发现，尽管王老师与李老师教的是同一班学生，却不得不处理许多李老师从没遇到过的教学管理问题。之所以造成这种局面，主要是因为王老师犯了两个关键性的错误：

1. 王老师认为学生已经知道该怎么做，上课时该如何表现，因此她忽略了提出并实践课堂规范——两个关键的步骤。
2. 王老师一开始没有及时纠正学生的不恰当行为——又一重大失误！

下午上课铃响了，学生们都走进王老师的教室。因为刚刚休息了一段时间，学生们有些吵闹，最终还是都坐好了。王老师不想第一天上课就表现得过于严厉，所以她没有纠正学生的一些不良表现。等到学生们不再讲话，王老师才开始发言："大家下午好！午饭怎么样？"只有几个学生对午饭表示满意，而绝大多数都在抱怨："这儿的饭菜简直糟透了！"嘈杂的抱怨声结束之后，王老师问大家是不是带铅笔来了。有几个同学没带，他们开始四处去借。有3名同学已经离开座位，向隔着几个桌子的同学借铅笔，借转笔刀。因为王老师对眼前发生的这一切没有准备，也没有提前对学生提出课堂规范，并在课堂上执行，学生们主动地"篡改"了这些本应由老师提出的规范：

- 走进教室：大声喧哗，坐好后仍然大声说话，直到老师开始制止。
- 回答问题：答案脱口而出，声音尽可能大，以便使自己的声音盖过别人，让老师听到。
- 借学习用品：忘记带学习用品也没什么大不了的，只需要向周围的同学去借。当别的同学答应借时，便起身去拿。
- 随时站起来，不需要向老师请示，也不管老师是不是在讲课，反正老师也不在乎。

王老师在不知情和无意识的情况下就让学生开始了以上的四种行为，所有这些都发生在第一天上课伊始的5分钟内。不幸的是，王老师并不知道该如何去向学生提出、演练和执行这些课堂规范，因此这些不良行为将在本学期自然地发展下去。

王老师结束了一堂完全失去控制的课，她完全不知道这是什么原因引起的。"为什么这群学生在李老师的课上就表现得那么好？"王老师也在思考。

不用多说，我们也知道这学期接下来的时间里，王老师的日子一定很难熬——这都是因为她没有意识到，在开学第一天，她有权利在班上提出课堂规范，而她一定不能放弃这个权利。

如果老师不在课堂上给学生定下规矩，那么学生就会自己定，他们会在开学第一天上课的几分钟之内就形成自己的习惯。如果任其发展，这种习惯必将像雪球一样越滚越大。请记住在给学生提出课堂规范时，你必须要遵守以下几点：

- 友善
- 果断
- 心中充满感激，学会赞扬学生
- 花点时间讲解这些规范
- 花点时间演练这些规范——这一阶段，对学生所犯的错误要宽容对待
- 开始严格执行规范
- 纠正学生任何不符合规范的行为

很快，你就会发现在课堂管理上，这些提前制定的规范比纪律守则更有效。你的课堂气氛会更加欢快、轻松——这种环境更有利于学习。我们需要的不正是这样的环境吗？

第 5 堂课
以身作则，令行禁止

与"规矩是用来破坏的"这句老话相反，我认为规矩是用来遵守的。让我们仔细想想，"如果/就会"这个规则并不只是针对学生，它适用于参与社会生活的每个人。我们是因为了解后果的严重性才避免做出许多错误的决定，所以，将不守规矩的行为与一些特殊的后果联系起来是非常有必要的。下面有几个生活中的例子。

● 你开车去上班，路上限速55英里，但周围的车都开到时速65~70英里。你也跟着提了速，可突然间你看到警车停在前方的路边。你会怎么做？

  A. 提速到每小时85英里

  B. 减速到每小时45英里

  C. 带上墨镜，企图蒙混过关

● 你又一次迟到了。校长已经容忍你很多次了，这次他把你叫到办公室，正式对你提出批评。校长真的生气了，他说从今天开始会对你进

如果……就会……
（学生版）

如果我有礼貌地向您提问
您会高兴地回答我
但如果我哭泣、抱怨、尖叫
您的脸色就会"晴转阴"

如果我努力学习
那么我会得到很大回报
如果我不用心
您就会给我一个很低的分数

如果我发言之前先举手
您就会认可我的举动，认真聆听
如果我未经允许就随便说话
您多半就会听不到

如果我遵守课堂纪律
一切就会很顺利
如果我违反这些纪律
明年我还会出现在您的班上

如果……就会……
（教师版）

如果我急匆匆地冲进教室
就会显得像个傻瓜
如果我早点到，将一切准备好
这一天我都会从容淡定

如果我没有备好课
就不得不临场发挥
如果我认真准备
学生们就会聚精会神

如果我和善又严格
学生们就会表现良好
如果对学生表示不尊重
他们也不会尊重我

如果我在开教学会议时迟到
我就不得不在众目睽睽下进场
如果我能按时到达
就不必接受众人斥责的目光

行监督。你会怎么办?

　　A. 明天早起30分钟,保证准时到学校。

　　B. 像往常一样晚睡晚起。到学校后迅速穿过办公区,直奔教师休息室喝咖啡。

　　C. 整晚都待在学校,以保证明天准时到校。

　　生活中,我们每天都在做决定。如果我们预见到一种选择可能带来糟糕的结果,我们很可能会选择另外一种。尤其是当我们知道前一种选择每次都会带来可怕的后果,我们会毫不犹豫地选择后一种。可是,如果前一种选择并不是每次都带来令人畏惧的后果呢?让我们再看看前面提到的例子:

　　● 你开车去上班,行驶在每天必须经过的路上。你以65英里/小时的时速行驶在限速55英里的路上。这时前方路边出现一个警察。他几乎每天都出现在那里,在早高峰时疏导交通。他不是在那里开超速罚单的,至少你认为他不是。你每天在这里都开到这个速度,和其他所有人一样。这没什么大不了的,不是吗?可是今天不行!今天你一开过来,警察就向你打手势,让你靠边停车,并开了罚单。你十分气愤,根本不相信眼前发生的事!警察是不是疯了?

　　问题:这是谁的错?

　　A. 你错了

　　B. 交通警察错了

　　C. 你们两个人都错了

答案：C

原因：你错了，因为你超速。这里一直限速55英里，你明知故犯。交通警察也错了。因为从一开始，他就应该让所有的司机明白，公路上的限速标志不是摆设！限速标志是为了让大家清楚，这是法律上规定的最高时速。一旦出现超速，他就应该马上开出罚单，而他并没有这么做。

- 你的问题是没有遵守法律。
- 警察的问题是没有执行法律。
- 你们两个都没有尽到责任。

问题：法律没有得到严格的执行，导致司机存在侥幸心理。

教训：学生对待课堂纪律和课堂规范的心理与成人们是一样的。如果任由他们违反这些规定放任不管的话，他们就会继续下去。老师们必须在提出要求后，始终严格执行，否则在学生心中就会失去威信。

> **切记**：规定制定出来就是为了执行，只制定而不执行的规定只是废纸一张。规定必须要严格执行，而且要始终如一，否则就没有任何意义。

在前几章里，我们探讨了课堂规范。请记住，违反规范并不一定要进行惩罚。在下面这个教学案例里，我们来看看纪律和它们带来的不同后果。

教学案例

学生迟到是一个困扰许多学校的问题,腾达中学也不例外。这所学校虽然也制定了惩罚迟到的规定,但许多老师都抱怨效果并不好,学生迟到的现象仍然屡禁不止。

上课铃响的时候,如果你站在教学楼的走廊上,你会发现有些学生急匆匆地往教室赶,而有些学生则仍然慢慢悠悠,好像根本没有听见铃响。

是因为规定制定得不够完善,还是执行得不够彻底?我们仔细查看了学校关于迟到的规定,它们看起来还是十分严厉的:

- 迟到1次:警告,在点名册上做记录。
- 迟到2次:通知家长,在点名册上做记录。
- 迟到3次:到老师办公室谈话,校内停课接受教育。
- 迟到4次:到老师办公室谈话,校内停课接受教育。
- 迟到5次:到老师办公室谈话,校内停课接受教育。
- 迟到6次:到老师办公室谈话,停课回家接受教育。
- 迟到7次:到老师办公室谈话,停课回家接受教育。
- 迟到8次:到老师办公室谈话,停课回家接受教育。
- 迟到9次:劝退。

我们现在走进腾达中学的两间教室。这里的两位老师都应当执行学校关于迟到的规定,但在其中一间教室里,几乎看不到迟到的现象,而另一间则一团糟。这是为什么呢?

👍 正例

腾达中学的时老师（指代守时的老师）非常善于让学生遵守她制定的一些课堂规定，因此将课堂管理得很好。虽然规定不多，但都是她精心挑选出来的，她要求学生们必须遵守，否则后果会很严重。下面就是她强调的几条规定：

- 任何时候都要尊重他人。
- 准时上课。
- 保持沉着冷静。
- 遵守学校对学生衣着的规定。

时老师认为，学生一旦违反了上述规定就要接受处罚。在上课第一天，她就与学生一起学习学校制定的这些规定，她用事例详细地向学生解释哪些是违反这些规范的行为，违反这些规定又会带来什么样的处罚。

"同学们，现在我给大家每人发一份学校关于学生迟到的守则。认真阅读，你会发现如果是第一次迟到，你只是受到警告。如果第二次迟到，我会联系你的家长，让他们随时提醒你。如果是第三次迟到，你就必须要校内停课接受教育了。校内停课3次，还继续迟到，你就必须停课回家接受教育了。如果被停课回家3次，仍然迟到，你就要被劝退了。每次读到这一条时，我都禁不住窃笑，因为，我想没有哪位同学会因为迟到而最后被学校劝退吧！尤其是在我们学校，从一个教室走到另一个教室，只需要5分钟。在这里，我想向大家强调，我本人非常不喜欢迟到。如果你迟到了，而且没有任何合适的理由，你必须接受惩罚。我希望大家不要因为迟到而被我叫到办公室谈话。了解我的同学都知道我很少叫同学到我办公室去，我也不希望叫同学去。下面给大家展示一下我制作的'学生迟到记录表'。这张表上没有同学的名字，只有编号。每个同学都会有一个对应的编号，如果你迟到了，你所对应的编号后面就会被画上×，这样就会提醒你迟到了几次。在这张表格上，我清楚地列出了每一次迟到你需要接受的惩罚。"

时老师已经提前把"学生迟到记录表"贴在教室门口的墙上，这样同学们在进出教室时，都能顺便看一眼。时老师走到表格前，让同学们也都过去看。时老师希望同学们能仔细地看清楚这张表，她说："你会发现这张表上，列出了数字1到125。我这学期一共教125名学生，我会发给每位同学一个相应的编号。这个编号是保密的，我不会告诉其他同学。"

在此后几天里，一些不守规矩的学生就开始试探老师，直到他们意识到老师确实是动真格的。开学第二天，就有两个同学迟到了。等到第三天，他们再走进教室时，在他们两人对应的编号后面都被画上了一个×。接下来的一天，其中一个同学又迟到了，第二个×又画到他对应的编号后面。当天，时老师给这位两次迟到学生的母亲打电话。时老师告诉她，如果孩子再迟到，就会被叫到教师办公室谈话，校内停课接受教育。学生家长向时老师保证，孩子回家后她一定会"严加管教"。打电话向家长汇报的事，很快就被其他同学知道了。原来如果有同学迟到了，老师确实是要给家长打电话的！

在整整一学期里，偶尔也会有学生会迟到，时老师完全按照自己开学时说的执行。有几个学生被叫到办公室,校内停课接受教育,但是没有人因为迟到而停课回家。时老师的学生在很早就受到了惩罚,并接受了教训。他们知道时老师说到做到,而且对学生都很严厉。"学生迟到记录表"在这个过程中发挥了两个非常重要的作用:

1. 时刻提醒学生。曾经迟到两次的同学知道,如果再迟到,就要被老师叫到办公室了!因此,每当看到"学生迟到记录表"上大大的两个×,就不敢再迟到了。

2. 学生迟到的证据。以前,迟到3次的学生被叫到办公室时,通常都会气愤地对老师说:"为什么叫我到办公室来?我并没有迟到3次。"但是,自从有了"学生迟到记录表",学生们总能清楚地记得自己迟到的次数,从而杜绝了此类事情的发生。

在时老师的课堂上,只要上课铃一响,教室的门就关上了,时老师立刻开始讲课。学校关于迟到的惩罚规定在时老师的课堂上充分发挥了作用,是因为时老师说到做到,令行禁止。这一切其实很简单!

反例

迟老师(指代经常迟到的老师)希望学生能准时来上课,可是她自己却经常迟到,这样的形象自然不能正确地引导学生。实际上,你会经常在走廊里看到学生们都坐好了,迟老师才急匆匆地走进教室,关上教室门。迟老师意识到她需要做出改变,她决定今年在新学期翻开新的一页。她不会再迟到,她的学生也不准再迟到。

与时老师一样,迟老师也发给学生每人一份学校关于迟到的惩罚规定。她让学生们自己阅读，然后拿回家带给家长。再没有其他举动了——她犯了一个多么重大的错误呀！

在开学第二天，就有几个学生迟到了。迟老师给了他们口头警告，却没有做记录。第二天，几个学生又迟到了。迟老师还是给了他们口头警告，还是没有做记录。之后，学生到得越来越晚，迟老师再也坐不住了。她开始问学生："为什么总迟到？"（迟老师犯了致命的错误。如果你问学生迟到的原因，他们总能找到理由。事实上，迟老师并不关心学生为什么迟到，因此，问了又有什么作用呢？）现在，因为老师问了迟到的原因，学生们开始解释。慢慢地，解释开始升级成辩解，辩解又升级成争吵。

这样的情况又持续了几周，直到有一天迟老师再也无法忍受，"谁再迟到下次不再警告了！你们怎么能总迟到呢？从一间教室走到另一间教室，只需要5分钟时间，为什么总有这么多人迟到？"（又是一个问句，同学们会给出各种版本的答案。）"从今天开始，我会记录下迟到学生的名字。我警告大家，有几个同学快要被叫到办公室了，所以到时候可不要吃惊。你们自己心里清楚。"

当天坐班时间里，迟老师填写了几份"学生校内停课申请表"，可问题是缺少学生迟到的详细记录。迟老师非常确信有几个学生至少迟到了3次以上，却没有留下任何书面证据。除此之外，她也没有在学生迟到两次时，及时联系学生家长。校长看到这些申请表后，并没有批准，因为迟老师无法提供学生迟到的记录以及与家长取得联系的记录。迟老师非常不高兴，因为在她看来，这份学校制定的关于学生迟到的规定没有什么效果。

总　结

  我们又一次看到，规定的制定是为了执行！时老师和迟老师都在腾达中学任教，两位老师教同一班学生，同样执行学校关于迟到的规定。还有，不要忘记，学生从一间教室走到另一间教室，只需要5分钟。所有的教室都是这样的，但是，两位老师的课堂效果却截然不同。让我们来一起分析一下原因：

  ● 时老师在开学第一天，就给每位学生发了一份学校关于迟到的处罚规定，并且在第一次上课时就详细地加以解释。她还自己制作了"学生迟到记录表"，向学生展示并说明这张表的作用。从学生第一次迟到起，她就严格按照学校的规定来执行；她坚持严格执行，直到全体学生意识到，如果迟到了，就要接受处罚，没有任何商量的余地——时老师铁面无私。

  ● 迟老师在上课第一天也给学生发了学校关于迟到的处罚规定，却没有花时间详细解释。当学生开始迟到时，她只进行口头警告，并没有做记录，也从来没有在学生再次迟到时联系家长。学生很快意识到迟老师不会严格按规定执行，于是他们继续迟到。直到迟到的局面失去控制，迟老师才决定让学生停课接受教育。可是由于缺少学生迟到的记录，于是无法按规定处罚学生，这让迟老师立刻觉得这条规定的效果不理想。

时老师从开学第一天起，就按照学校的规定管理学生，并且一直坚持执行。迟老师对学校规定的执行也保持了前后一致，结果却是错误而低效的。

时老师的学生总能按时上课，而迟老师的学生却常常迟到。同一所学校，同样的学校规定，不同的执行方法，却衍生出截然不同的效果。

切记：不要迟疑，马上就开始严格执行学校的各项规定吧！

表 5-1　学生迟到记录表

学生编号	1 警告	2 通知家长	3 校内停课接受教育	4 校内停课接受教育	5 校内停课接受教育	6 停课回家接受教育	7 停课回家接受教育	8 停课回家接受教育	9 劝退
1	×								
2									
3									
4									
5									
6	×	×							
7	×	×	×						
8									
9									
10									
11									
12									
13	×	×	×						
14									
15									
16									
17									
18									
19	×								
20									

第 6 堂课
积极争取家长的支持

> ### 教师的誓言
>
> 我，一名教师，向您承诺会好好照管您的孩子，将他安全地置于我的羽翼之下。我将尽我的全部力量，爱护他，培养他，关心他，保护他，教育他。分担他的悲伤与痛苦，分享他的喜悦与成功。我会为他感到骄傲，也为自己有幸在他的人生旅程中提供帮助感到骄傲。
>
> 在他叛逆顽劣时我依然会选择包容他，因为我知道"不良行为"和"坏人"之间并没有本质联系。我不会变成学生压力之下的受害者，同样也不会让他们成为老师压力下的受害者。我会严厉，善良，公正，并且持之以恒。我会将他看成是自己的孩子，为他付出我应付出的一切，毫无保留。我将与那些最爱他的人——他的家人——同心协力，将他培养成才。
>
> 在学年结束时，我会问心无愧地送他踏上新的人生道路，因为我知道我已经将他需要的关于如何成为一名社会有用之才的知识都传授给他，完成了自己在他成长过程中应尽的职责。在他离开我的时候我也将哭泣，那会是交融了伤感（因为我知道我的任务已经完成）与喜悦（因为我知道我很好地完成了它）的泪水。

家长可以成为老师们的绝佳盟友，也可能成为令他们十分困扰的冤家对头。当家长与教师站在同一战线，许多教学目标都可以顺利完成。然而，如果把家长看成自己的敌人，我们就很难帮助学生发挥出他们的全部潜能。

如果一个老师能够赞同前面"教师的誓言"，并以此作为行动准则，那么几乎不会有家长拒绝成为老师坚强的同盟。我们首先要做的应当是给家长这个加入其中的机会。遗憾的是，很多时候家长并没有得到这种机会，尤其是在那些整体水平不高的学校，家长参与教学工作的积极性很低。这通常都是由于老师们不去主动联系家长，因为他们先入为主地认为家长们不关心这件事。而事实是，如果老师们不主动跨出第一步，那么家长们也就更不会主动参与其中。

我经常听到老师们抱怨家长在参与教学时缺乏主动性，比如有老师常这样说：

- 家长根本不在乎。
- 我联系不到任何人，他们看见这是学校打来的电话也根本不会接。
- 让他们在卷子上签个字都不可能！
- 你见过孩子的母亲吧？你还能指望孩子能好到哪儿去？
- 校园开放日简直就是个笑柄，需要来的家长一个也不到场。

在许多情况下，如果教师希望家长能参与到教学中，他们必须要采取主动。不要坐等家长们来找你，多数家长都不会这么做。事实上，很多家长害怕和学校沟通，或者不知道如何与学校沟通。很多家长会告诉你，一旦他们接到学校的电话，就意味着孩子在学校里出了问题。如果是这样的话，也难怪他们害怕接到学校的来电了！

如果老师往学生家里打电话只谈学生的不良表现，那就会将自己置于一种不利的位置。我们自己通常都会害怕打这种电话，反正也不会是什么愉快的谈话，没人接听才好呢！但我们完全可以改变这种局面，老师们可以在任何时候——越提早越主动越好——打电话给家长，赞扬孩子们的良好表现。如果我们采取这种方式，我们就占据了两个优势：

1. 这会是一次积极、愉悦的交谈。家长们会觉得更加了解老师，同时也会意识到，老师是和他们站在一起的。

2. 在我们偶尔向家长们反映孩子的不良表现时，家长也会站在我们一边！

对于一个平时表现不错的孩子来说，这点似乎很容易做到，但如果一个孩子调皮捣蛋，处处不让人省心，老师该如何去电家长表扬他呢？解决的方法是：努力寻找孩子身上的优点。不要等到这个孩子的问题到了难以克服的时候再去寻求家长的支持，联系家长可以从开学后头两周就开始。那时学生们通常会表现得比较好，这样我们能找到很多与家长积极沟通的机会。

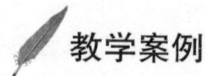
教学案例

在某所小学，家长参与教学的积极性一直不高。这也被认为是这所学校在该地区整体实力不强、表现不佳的根本原因之一。绝大多数老师想当然地认为家长不愿意参与到学校活动中来，所以年复一年，直到这种情况变成定局之后，他们也觉得没有什么好奇怪的，这就是他们预想之中的事情。

为努力吸引更多家长参与到孩子的教育中来，学区推出了一项将在新学年正式启用的行动计划，这个计划准备在新学年之初的教师培训期间传达给老师。很多老师有些担忧，不过大部分的老师都表示会尽最大努力去执行。当然，很遗憾，也有一些老师根本不打算理会。

👍 正例

成老师（指代易与家长建立信任关系的老师）在上文提到的这所学校工作21年了，她跟别人一样，对家长参与教学积极性不高的问题非常了解。每年，她都不得不应对学生和家长的冷漠态度。不过现在她又获得了重新接近家长，再次吸引家长参与教学的信心。就在她觉得已经尝试了所有的方法的时候，她参加的教师培训使她有了一些新的观点和尝试新方法的内在动力。

成老师发誓要尝试这个新的策略，并坚持在这个学年实施下去。之前有一段时间，她也积极尝试使用各种方法，但由于急功近利，还没有看到良好效果就过早地放弃了执行。成老师打开教师培训时发放的策略手册，开始阅读"调动家长积极性的几个技巧"：

- 在新学年的前几周，确保与每一位学生的家长做几次积极的沟通。
- 把所教学生分成几组，保证在一定时间内每天都可以给其中一组孩子的家长做个电话家访。比如，现在你有50个学生，可以把他们分成

10组，规划出10个工作日，也就是两周来做这件事。这样，预计每天给5个孩子家打电话，两周就可以完成全部电话家访。如果你有25个学生，你就可以每天打给5个家庭，一周完成任务。

● 开学第一天，核实孩子家长的联系方式，因为有时电话号码、电子邮件地址、通讯地址会变动。在开学初，学生们会很配合地告诉老师正确无误的通讯地址和联系方式（如果在某位学生犯错后再去询问他，他有可能编个错的给你，怕你向他的父母通报他的不良表现）。

● 充分利用自由时间。如利用坐班时间、午饭前后或者放学后做电话家访。但要记住，最好不要晚上打到学生家里，除非白天你几次试图联系家长都没有联系到。

● 把那些适用于所有学生的积极评价列个单子，打电话之前针对这个孩子找出一些来。以下是一些可供参考的例子：

您的孩子很有礼貌

您的孩子集体合作意识很强

您的孩子十分遵守学校纪律，很守规矩

您的孩子非常主动地听从老师的指导

您的孩子乐于帮助我和其他同学

您的孩子做事很有恒心

您的孩子学习十分用功

您的孩子身上有很大潜力

您的孩子做事特别专心

您的孩子能按时完成作业

您的孩子很有组织性

您的孩子有很强的创造力

您的孩子很喜欢阅读

您的孩子能在犯错后主动道歉

您的孩子是个不错的小领袖,有领导潜质

您的孩子很会交朋友,非常受大家欢迎

您的孩子很尊重权威

● 设计一下与家长的对话,明确主题,理清主次。没必要一个电话打30分钟。比如,这么开始一段对话会让人觉得放松又自然:

"早上好,约翰逊夫人,我是约翰逊的历史老师,很抱歉打扰您。我知道您很忙,但我不会占用您太多时间。"

通过告诉家长你知道她很忙,所以不会占用她太多时间,你已经在暗示这是一个简短的对话。在接下来的谈话中你就可以这么说:

"我很高兴约翰逊能在我的班上,他是个很努力的孩子。这段时间,我布置的每项任务他都完成得很好。他真的非常专心,而且很有毅力。我这次打电话给您就是想告诉您,我非常欢迎您随时给我打电话或者到我的办公室来,以便了解孩子的情况。我在9:30—10:30的坐班时间内都有空,上课前或者放学后也可以。我们这个月底计划外出进行一次春游,所以需要您帮助我们提醒孩子遵守纪律,配合老师!"

● 当有了一个好的开始,就可以计划随后的电话家访了。在接下来的一学期内,每天给一个家长打个电话,表扬他的孩子当天的良好表现。即使你同时教许多学生,一天一个电话看起来也不多,而每个孩子的家长会通过你的电话得到许多支持和鼓励。

● 总结一下向学生父母请求帮助的表达方法,写在纸上,以后打电话联系家长时也许会派上用场。当家长与老师渐渐熟悉了,他们就更有可能,也更乐意帮助老师,更好地指导孩子。当家长们对你的印象是你十分欢迎并需要家长的帮助,他们会觉得自己是不可或缺的,就会更积极地参与到教学工作中去。

> **注意**:约翰逊太太可能会在谈话中,跟你说很多关于约翰逊的其他事情(当她意识到时,可能已经说了很多了)。虽然她说的这些内容可能与你的谈话主题离得很远,而且可能占了5~10分钟时间,但这几分钟是值得的。只要把与家长的定时联系变成主动的愉悦交流,你就可以在有坏消息需要转达给家长时不用那么犹豫、尴尬,而且约翰逊太太也会很乐意与你站在一起,给予帮助!如果约翰逊太太说得很起劲,不想放下话筒,你可以找个借口结束谈话:您瞧,上课铃快响了,要不咱们下次再聊吧!

成老师看完这些技巧后开始着手计划她的行动。她决定从开学第一天就实施她的计划,并在这学期坚持到底,绝不半途而废。很快她就取得了初步成效——通过在刚开学时努力发掘学生们的优点和潜质,并主动把她的可喜发现与孩子的父母分享,她在以后与家长进行沟通联络时几乎没有遇到过困难。当然,这种积极公开的策略一旦开始实施,也不太容易遇上特别棘手的情况。

在第二学期,除了依然进行电话家访,她还想尝试另一种方式:每周给学生家里寄信,通报学生学业上的好消息,这很容易做到(当然这里要注意,正式邮寄到学生家里与让学生代为转交在态度上差别很大,当然前者更好。不过,你需要确认邮件是否寄到了家里,并最终交到父母手上)。

成老师甚至发现家长和学生都开始期待这样的联络了。许多计划中的老师与家长碰面会到后来慢慢变成了家长、学生、老师三方的交流活动。在年底的时候，成老师仔细回顾了以前那些日子和最近这两年来的感受，她觉得为了吸引家长参与教学而花费的额外时间所带来的回报是巨大的，学生、家长、老师三方都从中受益颇多。她也认识到自己完全有能力引导家长关注孩子的学习和生活。现在她迫切希望新学期快点到来——这一切都要归功于成老师的坚定信念以及付出的巨大努力。

反例

尹老师（指代对与家长建立良好关系表示怀疑的老师）跟成老师在同一所学校教书已经18年了。他已经将家长的缺席视作教学生活中的一个既定事实，同时也不觉得自己有能力改变这种状况。他也和成老师一样参加了那次教师培训，但却持有完全不同的观点。他向同事殷老师探过身子，说："接下来还有什么？我们已经负责教这些学生了，现在还要求我们负责照顾。那明年我们是不是还得帮那些孩子穿衣服，像他们的爸妈那样照管庇护他们？要是家长都不在乎，我们干嘛要管？要是我们做了这些额外工作，是不是能加薪呀！"

尹老师像往年一样继续新学期的教学，没有联系学生家长进行沟通。他总是等到问题几乎失控时才打电话给家长，而且每次的态度都不友好，语气生硬，像是在对敌人说话。他没有主动引导家长参与教学工作，因此也注定了家长和老师之间的疏远状态将持续下去。

每当被问到为什么班上的孩子学习不好时，尹老师总是斩钉截铁地说："家长们根本不关心！"

家长可以成为老师们的绝佳盟友，或者是令他们十分困扰的冤家对头。当家长与教师站在同一战线，许多教学目标都可以积极顺利地完成。然而，如果你把家长看成自己的敌人，你会发现自己在帮助学生开发潜能方面力不从心。如果老师真正希望引导家长们参与到学校和课堂中来，我们必须做到：

- 我们必须相信所有家长都真正关注自己孩子的教育问题，不管我们是否能从他们的行动中看出这一点。
- 我们必须相信自己有能力调动所有家长参与进来，即使是那些最不情愿的家长。
- 我们必须意识到，很多家长以往参与学生工作的经历都不愉快，他们几乎没有接到过通报孩子好消息的电话。这自然会让他们觉得老师来电话都是有坏事情发生。
- 我们必须明白这件事必须由我们来推动，我们应该是积极主动采取行动的那一方。
- 我们应该一步步按程序来（就像成老师做的那样），坚定信念，持之以恒。

通过坚持不懈的努力，老师、家长、学生都能获得回报。我们不能强制家长参与到孩子的校园学习中，但我们可以打开沟通的大门，欢迎他们进来。我们要相信自己可以增进与家长的交流，并且把这种参与变成一段段美好的经历。千万不要让自己成为另一个尹老师，一旦那么做，学生、家长和老师都不能从中获益。

第 7 堂课
避免正面冲突,做到双赢

如果我希望别人举止得体
我必须先以身作则
如果我言行粗鲁
别人也将对我蔑视不屑

如果我有意惹你发火
我相信你一定会感觉得到
因为我对你吼叫时
你也会变得急躁

当一方怒吼,另一方也会回敬
双方均采取最直接的反应
我的每一句责骂引来你的恶语相向
这样的一来一往是何其可悲

因此我必须做好示范
若希望别人可以待你友善
你要先待人以礼
那么你定将得到
别人对你的礼遇

我每年都会向学生们保证,绝不在生气时朝他们大吼大叫。我知道一旦我这么承诺了,他们就会时刻监督!我也让他们知道,我期望他们能同样对我。我知道为了成功需要不断为自己制造机会,而做出这样一个承诺就是帮助我达成我的目标的良好开端。我的目标是:永远不和学生发生正面冲突。

每当两个人认为一件事有商量的余地时,权力斗争就很容易发生。如果一个人不具备以成熟理智的方式协商某事的能力,他很有可能会提高音量,指名道姓地控诉,指责所有那些阻碍事情顺利解决的人和事。因为双方都不能以心平气和的方式解决问题,最后就将导致激烈的冲突(大声咆哮,指名道姓,怨天尤人)。事实是,在师生关系问题上,有些事情是没有谈判余地的。

很多学生不知道怎么处理与别人意见上的分歧。他们在家里甚至是在学校所看到、经历到的那些处理方式常常是不妥当的,因此他们所知晓的处理思想分歧的方法,往往也只限于很多成年人曾"示范"过的种种不恰当的方式。而作为老师,必须要绝对无条件地保证不能让师生间发生争执。其实这也很简单——一个巴掌拍不响。如果学生语气很冲动,你们之间的气氛开始变得紧张,那就使自己冷静下来,不要陷入与学生对峙的局面中去。

我十分想问那些平时高声斥责学生的老师以下几个问题:

- 你介意学生冲你叫嚷吗?
- 你觉得两个学生互相喊叫、争吵好吗?
- 如果你们学校的校长在教学例会上(或其他时间)大声斥责你,你觉得这样对吗?

- 如果你已经做错一件事，你的同事还落井下石，你觉得这样合适吗？

我敢说所有老师都会对以上问题持否定态度。对于这些老师，我还想再问他一个问题：既然你们觉得这些做法都不恰当，那为什么还理所当然地冲你的学生发火？其实，许多师生间冲突的发生恰恰是因为老师让学生以为"事情还有商量的余地"。比如，一位老师提出了要求和规定，所有学生都听清楚了。如果一个孩子违反了纪律，老师就根据规定处理这个问题。本来事情可以到此为止了，但是如果老师和学生继续深究这个问题，事情就不是这样了。下面就有个例子，让我们看看如果老师允许学生在那些本没有谈判余地的方面讨价还价，会有什么情况发生：

- 老师批评了犯错的学生并予以处罚。
- 学生问："为什么处罚我？"
- 老师提高嗓音，以一种咄咄逼人的语气告诉学生他哪里有错。
- 学生试图解释并与老师继续商讨这个问题。
- 老师提高音量，毫不客气地予以回应。
- 学生不再指望老师回答问题，也开始叫嚷，就像老师刚才做的一样。
- 于是冲突就会持续下去——只要老师还接着回应学生。

下面我们来设想另一种情况，那就是老师选择不参与口角——这是老师可以控制的，因为吵架是两个人的事。

- 周荻再次迟到了。
- 老师给她记一次迟到。
- 周荻看见了，跟老师解释说："我并不是动作慢了！我下课后帮助老师清理实验室才晚到的！"
- 老师可以选择继续深究这个问题，但他没有。他说："哦，没关系，我先用铅笔记下来，等我从实验室老师那儿得到确认就擦掉。"说完老师直接回到课堂继续教学。

通过这样回应周荻，老师避免了与学生的正面冲突。他缓和了局面，周荻也不需要再反驳。在这件事上，老师先表明相信她说的是真的，并给她个机会向上节课的老师要个假条，然后擦掉迟到记录。（老师知道周荻很优秀，但是也知道她刚才其实是在过道里和男朋友在一起。周荻明天是拿不来假条的，老师也根本不会管她要。老师通过告诉周荻拿假条来就擦掉记录来避免争执，这样就不会使当时的情形过于尴尬。）

这其实很容易——当然，我们是说在理论层面。如果一件事没有商量余地，那么就不要协商。如果这件事可以继续商量，那么我们也应该私下处理。如果可以尊重学生并耐心倾听，绝大多数学生将在课业上取得优异的成绩。

注意：有时发生矛盾冲突的双方可能并没有争吵喊叫，不过这也是很致命的，因为当对话发展到冲突时问题就不能得到解决。当这种情况发生时，问题本身就会被搁置一旁。根据我所看到的情况，在冲突中多数老师都会把局面持续推向争吵爆发的临界点。

教学案例

有一次我被邀请去测评一位姓罗的新老师。她是一位十分努力的老师,但是对管理课堂秩序感到很吃力,于是她去校长那里请求帮助。校长给我打电话,问我能不能给罗老师一点指导,我欣然同意。校长把我的联系方式告诉了她,她与我取得了联系。我们商量之后,定下了某天我到她班上正式听一次课。因为在我帮她解决问题之前,我想亲自到课堂上看看。

罗老师接管这个班之前已经有几位老师带过这个班了。她接班的时候正是学期中,因为换了好几位老师,班上的孩子在那一年根本就没能受到连贯的教育。我对罗老师坦率的性格印象颇深,她坦白承认自己管理班级比较吃力,并期望从我这儿得到哪怕是一点点的帮助。

在这一章,我们要先举个反例(是我在第一次旁听时观察到的情况),然后再举个积极的例子(第二次旁听时看到的)。

> **注意**:我第一次听课之后,校长善解人意地让另一位老师给罗老师的班代了一天课。我们两人在那天一起讨论了一个计划,然后她就立刻投入实施。我第二次去听课时就看到了显著的效果。

反例

我在约定的时间到达,旁听这节五年级的课。罗老师看到我来听课,很高兴。我们事先已说定我过来正式地听一次课,然后一起讨论听课的情况,制订出一个行动计划。我走到教室后排坐下,听课并观察,把想到的记录下来,大概有一个小时。上课没几分钟,我就明确了几件事:

- 这节课不错。
- 罗老师有潜质成为一位优秀教师。
- 罗老师很喜欢她的学生们。
- 就学科专业知识而言,罗老师很博学。
- 罗老师希望课堂秩序井井有条,这样她可以顺畅地进行教学,但她不知道如何控制课堂秩序。
- 罗老师没有一套完整恰当的课堂管理方法——即便有的话,她也很有可能没能真正落实。

罗老师制订了很好的授课计划,同时也尽自己最大的努力去执行计划,但是授课过程三番五次被纪律问题打断,导致授课效果远远达不到预期。罗老师在课堂上四处"救火",在这么多干扰之下,连我都很难跟上她的讲解,因此我十分确定这堂课收效甚微。下面是我在课堂上观察到的一些情况:

- 罗老师很难让学生们安静下来准备上课,她不得不多次请求同学们安静下来,停止讲话。学生刚上课时还很听话,很尊敬她,但是吵闹不一会儿就死灰复燃,以至于她不得不一遍又一遍地提醒同学不要说话。

- 在她授课时，学生以各种理由离开座位：向其他人借学习材料、削铅笔、扔垃圾。每次她都让他们回到自己的位子上。没过多久，她禁不住问学生："为什么离开座位？你们应该知道课堂不允许这么做！"学生开始说出各种理由搪塞她——针对这些理由，罗老师又一一反驳，然后对话就这么持续下去。
- 她讲课时如果学生开始随意说话，她会停下来制止他们，这种情况重复了好几次。后来，当她要求一个男孩子转过身来（他明显正因为坐在后面的女生而生气），男生叫道："叫她停下！告诉她不要再碰我！"老师停下来，试图弄清这两个孩子之间出了什么大事。这花掉了5分钟的宝贵时间，而我不认为这两个孩子的问题解决了。
- 一个男孩一直没有拿出课本。罗老师几次走到他那儿叫他听课，他无动于衷，之后罗老师也不再管他了，在我听课期间他的桌面上一直是空的。有几个学生在上课时频频走神，其中一个还清空了桌子，准备下课。

罗老师整节课都在讲，但课堂因为一次次的纪律问题而被打断，变得效率低下。罗老师一直在努力保持冷静，但到了后来，她控制不住语气，与学生对峙起来。她让学生不要说话，他们照旧说话；她让学生规规矩矩坐好，他们却在教室里走动；她要求学生听课，有些人甚至拒绝了。

整节课都变成了师生间的冲突，双方争夺着课堂的控制权，而学生显然占了上风。（其实这是很讽刺的，因为这么一来他们以自己的学业作为代价。就像赢得了某场战役，但最终输掉了整场战争。）

我每次听这样的老师讲课，都以提问的形式记笔记，以便课后和老师讨论。以下是一些我写下的问题：

- 你希望每天早上学生如何进入教室？
- 你使学生集中注意力的方法是什么？
- 你认为同学未经允许就擅自因为借资料、削铅笔或扔垃圾而离开座位可以吗？
- 你能容忍学生在讲课时乱说话吗？
- 你希望学生上课时坐在自己的座位上发呆吗？

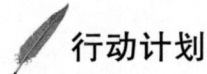
行动计划

听课后第二天，我又和罗老师见面了。可以肯定的是，每当我问一个新老师类似的问题时，他们给我的答案都是相当明确的。罗老师也说，她希望学生们每天早上安安静静地走进教室，直接到座位上坐下，然后开始课前早读。她说不希望学生未经允许就随意离开座位，而且她讲课时也不能有人说话。她希望所有学生的注意力都在课堂上并能跟着她的指导行动。

我考虑了她的所有情况，然后两个人一起制订了一个计划。罗老师列出了需要改进的10个方面，她很确定只要她能针对这10个方面设计出一套可行方案并有效实施，以后就可以顺利地进行教学，并且避免师生间冲突的频繁发生。

1. 安静地进教室并直接到自己的座位上坐好。

2. 立刻开始早读。

3. 问问题之前先举手。

4. 离开座位前先征得同意。

5. 如果需要削铅笔，先向老师示意。老师会先给学生一支她事先削好的笔，收好学生的笔，等学生削好后再换回来。

6. 把垃圾放在桌角。当老师在教室走动时会帮你把垃圾扔掉，其他垃圾应在你离开教室时一并带走。

7. 上课铃响后要迅速回到教室。

8. 每天按时交作业。

9. 课上不要擅自离开座位。

10. 离开教室时把自己周围的环境清理干净。

因为这个班在很长一段时间里已经形成了一套自己的作风习惯，所以罗老师和我觉得应当在计划实施初期给学生一些鼓励和激发，以便更好地推进我们的计划。罗老师告诉我，她想要推出一个"一周表现测评表"，给学生的日常表现打分，其中就包括上面提到的10项内容。这个一览表将在每周一发给学生（后面会给出例子），她将在第一次将表下发给学生时解释评分规则——每个学生每天会有10分的初始分数，一周共有50分。每当学生有违反纪律的情况出现时就会被扣掉一分。如果一周结束时分数不低于45分，学生就可以用他积累的分数去兑换校园代金券（一种只能在校园中流通的代金券），然后可以在校园商店里买东西。她告诉我，她计划用一节课的时间向学生们好好解释这个计划，然后就开始正式实施。

我走之前跟罗老师说，这个计划非常好，可是能否做到行之有效全在于她本人。如果希望收到成效，她必须要持之以恒。要使学生明确那些行为准则是硬性的，没有商量的余地。以后也不要和学生在这些问题上过多纠缠，便可以大大降低发生冲突的几率（我还跟罗老师说，我会在未来几周再来听课）。

👍 正例

这真是个奇迹！（或者这只是持续对症下药的结果？）过了两周我又去听课，当我走进教室，我看到同学们的表情都很高兴（我回想起第一次听课时很多同学不是这样的）。然后我又坐到教室后排位子上开始听课。下面是我这次观察到的情形：

- 我看到每个孩子的课桌上都贴着一张周测评表，粘在桌子一角。
- 所有学生都很专心，包括上次听课时看到的经常走神的学生。
- 学生们都举手回答问题。有一次一个学生下意识地直接冲老师喊叫，罗老师照常讲课，同时走向那个学生，在他的测评表上扣了一分，并跟他小声说了几句（我之前建议她，如果一个学生犯了错，她应该立刻扣他的分——态度要平和，不然学生们会开始降低对这张表的重视程度）。
- 学生们没有得到允许不会随便离开座位（有几次，我看到有的学生想要离开座位，但又控制住自己赶紧坐好了）。
- 老师讲课期间没有受到纪律问题的困扰。

大约30分钟之后，我起身准备离开。当走到门口时，我忽然觉得我不能就这么走了，还要表扬一下孩子们的出色表现。于是，我问罗老师能不能让我对学生们说几句话，她欣然同意。

"嗨！同学们，大家好！"我对他们说，"你们还记得我吗？（他们点头表示记得。）我几周前来过这里听课，今天看到你们变化这么大，真令我刮目相看！（学生们都笑了。）我想知道你们怎么变化那么大呢？（当然我知道是怎么回事。）我这次来之前发生了什么事，你们谁能告诉我？"几乎所有的学生都举起手来。我叫起一个男生，他开始给我讲解周测评表的用法，事实上他解释得很清楚。"我们每人有这样一张表，"他说，"如果上面列出的事项我们都做到了，我们一天得到10分。即使偶尔有几项做的不好，我们仍然能得到奖励。""奖励是什么？"我问。"我们可以把分数兑换成代金券在学校商店买东西！"

我突然灵机一动，想利用这个机会再次鼓励他们："从我刚才观察到的来看，我相信即使没有奖励你们也能做得很好！"（所有同学都很自信地点头。）我对他们说，"你看，如果你们一直表现很好，你们也会觉得很高兴，常常笑容满面。我敢说如果我下节课还在这儿听课，你们还能像这节课一样表现出色，对吗？"（学生们连连点头。）

事实上，如果平等友善地对待学生，有一个合理的计划，天天持续实施，学生们就会像现在这样一直表现良好。不过，最应该奖励的其实是罗老师。

总　结

　　像罗老师这样的老师多多益善。她发现她的课堂正在失去控制，她越来越多地与她的学生发生口角，她不知道怎么改变局面，所以她寻求帮助。她没有责备抱怨学生、行政管理部门、以前的老师，或者是家长，因为她知道她应该自己努力去管好自己的班级。每个新老师需要的指导她也同样需要，但不同的是她敢于主动开口求助，并且信任和感激那些设身处地地给予帮助、给她提出建议的人。

　　记住，如果一件事是没有商讨余地的，那就没有必要再继续谈下去，事情就是这么简单。如果做错一件事意味着相应的惩罚，就明确地执行。不要商量，否则学生会觉得每当问题发生时还可以和老师商量或者讨价还价。要持之以恒，是继续推动实施正确的计划还是就此放弃，决定权在你。

　　罗老师一直坚持，没有松懈。实际上，并不是奖赏使学生们有这样的表现，而是罗老师一直按标准执行计划才有了这样的成果。通过持续实施评分制，罗老师避免了很多不必要的争吵和口角，师生间的正面冲突再也没有出现。

表7-1　一周表现测评表

姓名_____		第_____周			
每次违反以下纪律将被扣掉一分 每周结束时分数在45~50分的同学可以凭分数兑换代金券					
1. 安静地进教室并直接到自己的座位上坐好。 2. 立刻开始早读。 3. 问问题之前先举手。 4. 离开座位前先征得同意。 5. 如果需要削铅笔，示意老师。老师会先给你一支她已经削好的，把你自己的收好，拿回去削好后再换回来。 6. 把垃圾放在桌角。当老师在教室走动时会帮你把垃圾扔掉。其他垃圾应在你离开教室时一并带走。 7. 上课铃响后要迅速回到教室。 8. 每天按时交作业。 9. 课上不要离开座位。 10. 离开教室时把自己周围的地方清理干净。					
星期一	星期二	星期三	星期四	星期五	总分
10 9 8	10 9	10	10	10	总分 50 实际 47

注意：这个学生显然在周一和周二试探了一下老师，之后就明白了老师确实在很严格地按规定来要求学生。

第 8 堂课
老师，你的爱无处不在

不论发生大事小情，老师都要在场！最高效的老师即使不出教室，很可能每天也要走上好几英里的路。他们知道他们必须随时出现在学生身边，教育、帮助和鼓励学生。如果学生不需要老师，那他们就没有必要每天都来上课了。

学生不仅仅现在需要老师，未来也需要老师的精心呵护。我的体会一直是，每天当学生从我的教室离开时，都收获了他们进来时不知道的东西。如果不是这样，那我显然没有做好我的工作。

如果远离学生，老师就没有办法接触和教育学生，但不幸的是，许多老师在以下几个方面常常远离学生：

- 给学生布置繁重的作业，当学生忙于作业时，老师可以做其他的事情。(即使这些作业是和学校有关的，它仍然没有包含直接的教学过程。)
- 给学生布置的任务或者项目几乎不需要老师的指导。(同样，没有教学过程。)

我们的教室不分前面、中间或者后面
我的老师总来回走动
每天都迈着新的步伐

我们从来不知道将看到什么
她喜欢带给我们惊喜
她一会儿在这儿,一会儿在那儿
一会儿往前走,一会儿往后走
她眼神犀利,冰雪聪明

她总是知道发生了什么
然后问我们很多问题
她喜欢读我们的作文
然后给我们独到的建议

她老是说"很棒"或"行动吧"
她的赞许之词总是恰到好处
如果她看到我们开小差
就会委婉地批评我们

你也许会觉得她一定很累
但是她从不表现出来
哦!看吧!她又走过来了
她真是不知疲倦呀

- 给学生自由支配的时间,学生可以同时干很多不同的事情,也不需要老师的参与。(还是没有教学过程。)

如果只是坐在讲桌后面,你很难上好一节课。一个显而易见的原因就是,讲桌会成为老师和学生之间的有形障碍。对于那些离讲桌远的学生来说,大部分时间都坐在讲桌后面的老师是遥不可及的。学生们很清楚这一点,这也是为什么他们会尽可能选择坐在教室后排的座位。但是如果你来回走动,做一个"移动"的老师,学生就无法远离你。

假设今天有人走进教室,问你的学生你站在哪里教课,学生们是否能给出一个明确的答案?如果能,说明你走动得还不够。如果不能,说明你是一个无处不在的老师。以前我经常推着一辆放着一些多媒体设备的小推车在教室里到处走动,有时候在教室前面,有时候在后面,但大部分时间在教室中间。只要学生需要,我随时从一个学生走到另一个学生身边。学生从来不知道我会出现在哪里,即使他们累了,也别想偷懒。

做到在教室里来回走动的关键在于,如何评估自己的价值和对自己角色的重视程度。我们肯定认识一些一年到头大部分时间屁股都粘在椅子上的老师,这些老师一定没有认识到自己在课堂上的重要性,不知道学生多么需要他们。你也许会想:"有些老师身体状况不佳,没办法到处走动。"我给你举个例子,就会彻底改变你的想法了。

多纳·鲁诺(Donna Rougeau)是一名就快要退休的七年级数学老师。她是我们教育界的一项巨大财富,不管是同事、领导还是学生,都很尊敬她。多纳就习惯于在教室里来回走动。

7年前，多纳遛狗的时候摔倒了，她摔断了腿，伤得很严重。她在医院住了一段时间，出院以后一直坐轮椅。但是我还记得当我走进她的教室时，看到的是她摇着轮椅从这条过道转到那条过道。这显然是一件非常不容易的事，然而多纳知道，如果她远离学生，就没办法有效地教学。我清楚地记得多纳被学生推着走过长长的过道，去开会或者吃午饭的场景。多纳从来不把受伤作为借口，而不管她自己是否察觉到，她已经成为周围每个人学习的榜样了。

每次想到这儿，我就想起那些像多纳一样经过手术或者受伤之后回到工作岗位上的老师，他们为了消除由于身体原因带来的与学生之间的障碍所做出的努力是令人难忘的。

你到处走动的目的不是为了吸引不听话的学生，而是为了及时发现那些他们在你的关注下必然会展现出来的美好的一面。如果你在屋里走动，就可以知道谁在专心学习，谁又需要帮助。你能知道你的指导是否清楚，你可以委婉地批评该受批评的人。不完成作业的情况极少出现，你不会在晚上坐下来批改作业时，发现许多卷子是空白的。

教学案例

这所学校所有七年级语言课程的安排都一样。每个单元学完之后，所有学生要做同样的一份试卷。在过去的两年中，董老师（走动型老师）班上学生得分总是全校最高的。而在过去的两年中，荆老师（静止型老师）班上的学生分数全校最低。通过深入地研究，我们发现如下事实：

- 董老师班上的学生总平均分达到了90分。
- 荆老师班上的学生总平均分只有70分。
- 董老师两年之内一共只叫过5位学生来办公室。
- 荆老师两年之内一共叫过122位学生来办公室。
- 根据教务处老师的观察，董老师对她教授的课程总是积极投入。
- 根据教务处老师的观察，荆老师大部分时间都坐在讲桌后面（只有督导走进教室时，她才会突然从座位上跳起来开始讲课）。

👍 正例

董老师正在研究《文学阅读与鉴赏》的教学大纲。这是一门学时6周的课程，最后进行的考试要求同学们阅读一些从不熟悉的故事里摘录出来的篇章，然后回答需要运用批判性思考技能的问题。换句话说，同学们必须读懂材料，理解、分析并评论所阅读的东西。她的学生们过去的测验成绩表明他们阅读鉴赏文学作品的能力在平均线之下。董老师知道，学生们需要她运用多种教学方法进行更细致的指导。

董老师先挑选了一些能激发这个年龄段学生兴趣的小故事，将模仿练习作为第一节课的开头。董老师知道首先必须激发同学们的兴趣，才能够了解他们，教育他们。于是，她给学生讲了一个关于吉斯的故事。吉斯是董老师14岁的吉娃娃狗，最近患了重病。董老师给学生讲述吉斯生活的故事，她在教室里走来走去，给同学们看吉斯和她养的其他动物的照片。她告诉学生，得知吉斯得了癌症那天，她发誓绝不让吉斯承受这样的痛苦。当详细讲到把吉斯带到宠物医生那里，做她承诺要为吉斯做的事情的时候，她哭了。当她诉说自己内心的悲痛和一切都结束之后的平静时，泪水禁不住又流了下来。

董老师告诉学生们，他们马上要读到的文章与她的经历十分类似——她本人和故事的主人公雷切尔有很多共同点。她问学生们是否有过类似的经历，有3个学生举手发言，和大家分享了自己的故事。讨论过后，她让同学们翻到课本第47页，跟她一起读第一段。她手里拿着书，一边朗读，一边在教室的过道走动：

这是雷切尔记忆深刻，却需要花一辈子的时间来忘掉的一天。它静静地躺在那里的样子深深地刻在了她的脑海里，让她久久不能忘记。从刚刚4周大开始，它就是她的；她精心照顾它，似乎把它当成自己的独生子。她还记得4年前的那天，在雨中，她发现了它，孤零零地待在一条泥泞道路中间的它。她用自己的夹克裹住它，紧紧地抱着它，好用自己的身体给它温暖。刚开始，雷切尔的妈妈并不像她一样对这个小东西的到来感到高兴，但是这种情况并没有持续很久。很快，她妈妈就和雷切尔一样爱它了。

董老师读完这一段之后，停下来让学生们看黑板。她在上面写下了如下问题：

读完故事开头，你觉得刚刚发生了什么事？请从故事中找到能证明你的答案的句子。

董老师大声读出问题，并走到了约翰的书桌前，问他："约翰，这个问题包含几部分？"约翰回答："两部分。""如果像约翰说的有两部分，那么沙尔，第一部分问的是什么？"（这时，董老师慢慢接近沙尔。）沙尔答道："第一部分要回答你认为发生了什么事。""没错！科里，你认为发生了什么？"科里回答说："我认为她刚找到了一只小宠物。""真的吗？有人不同意吗？"坦纳说："我不赞同。她不是刚刚捡到小狗，是4年前她捡到这条狗。""这才对！"董老师高兴地说道。

这时候，董老师走到教室的另一边，揭开蒙在板子上的布，露出写着文章第一段文字的展板。"科里，能不能上来帮我个忙？"（科里高兴地走到展板前，而董老师坐到了她的座位上。现在由科里扮演老师的角色，而老师扮演学生的角色。）"科里，请用黄色的笔画出这段的前两句。"科里画线的时候所有学生都看着他。"现在，请给我们读一下画线部分。"科里读道："这是雷切尔记忆深刻，却需要花一辈子的时间来忘掉的一天。它静静地躺在那里的样子深深地刻在了她的脑海里，让她久久不能忘记。"科里读完之后，董老师引导科里和其他同学一起讨论正确的答案。讨论5分钟之后，他们都同意故事里发生的事件就是狗刚刚接受了安乐死。老师让学生们找出证据，这也就是第二部分的问题：雷切尔说她要"花一辈子的时间来忘掉它静静地躺在那里的样子"。她其实完全可以直接告诉学生，但是那样效果不好。

> **注意**：到目前为止，这个活动已经进行了大约20分钟，但是他们还停留在第一段的讨论上。不过，他们再继续往下进行，经过更多的提问、启发、解释、讨论之后，董老师十分明确所有的学生都明白故事的主线了。

董老师一边给同学们读故事的前几段，一边在教室的过道里走来走去，不时在某个看似走神的学生身边停下来。然后她让同学们分析，回答一些需要运用批判性思考技巧的问题。（董老师一开始就知道许多人没有这个能力，需要很多指导和练习才可以熟练掌握这些技巧。）

这个小故事仅有6段，董老师却花了一周的时间来分析。下面是她在讲故事的过程中运用的教学技巧和活动：

- 老师大声朗读；
- 老师指导下的问答；
- 学生之间的讨论；
- 分小组练习（需要时，老师也会参与其中）；
- 独立思考，找到故事情节；
- 独立思考，回答需要进行批判性思考的问题；
- 由学生组织语言，回答概括性强的问题。

董老师运用了多种教学方法和活动讲授这个单元的文章，在课堂上花了很多时间解析、回答、讨论一些难点问题。董老师知道，如果在学生们还未掌握具体概念就急着让学生继续的话，他们会很迷茫。唯一可以使她确信孩子们"明白了"的办法就是每时每刻都和他们在一起。董老师没有一分钟坐下来的时间，因为她知道，学生们需要她的不断指导才能阅读并正确地理解文章含义。这个单元结束之后进行测试，学生们的平均分达到了90分，最低分也有81分，效果不错吧！

👎 反例

和董老师一样，荆老师也正在研究《文学阅读与鉴赏》这门课的教学大纲。这是一门学时6周的课程，最后进行的考试要同学们阅读一些从不熟悉的故事里摘录出来的篇章，然后回答需要运用批判性思考技能的问题。换句话说，同学们必须能够读懂材料，理解、分析并评论所读的东西。她的学生以往的测验成绩表明他们阅读鉴赏文学作品的能力在平均线之下。荆老师对学生们的期望值不高，她知道他们这门考试分数会很低。"他们期望我做什么呢？"她问自己，"创造奇迹吗？"荆老师也知道这些七年级学生中的大多数人现在的阅读能力都低于年级水平，于是她想，"学校想让学生们在阅读理解这门课上得高分？这些学生不做作业，课堂上也不听讲，他们一点也不关心自己的成绩。他们根本没法教！"

荆老师带着"孺子不可教"的成见开始备课，因此，她设计出的是一个不需她直过多接讲授的课程。下面是她这堂课包含的一些内容：

- 上课了。荆老师让学生们打开课本，翻到要读的文章。
- 让学生读课文，回答后面的问题。
- 学生在快下课时把自己的答案交上来。
- 荆老师在下节课订正学生的答案，第二天发给学生。她回顾一下问题，告诉同学们正确答案，然后就开始让学生读下一篇文章。

这样的课程不断重复，每一天，每个故事都是这么讲的。教学方法没有变化，指导方法没有区别，也没有证据可以表明，老师对学生在学习方法上的不同或者其他方面的个体差异负有任何责任。没有激情，老师也没有参与其中。与董老师的课程相比，荆老师的课程缺少如下几点：

- 老师大声朗读；
- 老师指导下的问答；
- 学生之间的讨论；
- 分小组练习；
- 独立思考，找到故事情节；
- 独立思考，回答需要进行批判性思考的问题；
- 由学生组织语言，回答概括性强的问题。

荆老师没有积极主动地走到学生中间，在这节课的大部分时间内她都坐在讲桌后面，远离学生。更不幸的是，她与学生的话语交流都是以批评的形式出现的。在本章的开篇你就已经看到，荆老师两年中要求122个学生到办公室训话！看了她的课堂活动，我们就很清楚为什么她的学生表现不佳了：

- 他们感到无聊。
- 他们感受不到成功。
- 没有人激励鼓舞他们。
- 他们没有得到帮助和指导。

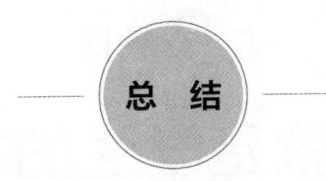

总　结

身体之间的距离通常也会制造情感上的障碍。在教室里远离学生的老师会让人觉得，他/她没有兴趣同学生建立联系。远离自己学生的老师是无法有效地与学生建立融洽关系的。如果我们想让学生专心学习，我们一定不能在身体上与学生产生距离。

让我们再来看一看这两间教室：

董老师

- 她总是在教室里走来走去。
- 她总是与学生打成一片。
- 她会经常赞扬学生。
- 她对工作表现出的热情让学生也专注于学业。
- 她运用多种多样的教学方法来避免单调枯燥。

荆老师

- 她把讲桌当成与学生隔离的有形障碍。
- 她总是对学生敬而远之。
- 因为她没有表现出对工作的兴趣，学生也经常走神。
- 她没有采用不同的教学方法，因此她的课单调无聊。

因为她自己没有专注于教学，她的学生也就没有专心学习。她的学生都在做其他事情，122个学生被叫到办公室就是明证。

第 9 堂课
教师就是学生的榜样

你怎么做，我怎么学

如果我没记错
对于我说的话
孩子们仅仅是左耳进，右耳出
我常常发现
相较而言
他们更关心我做了些什么
这就是事实
孩子们观察我们的一举一动
不是我们说的，而是我们真正做的
这成为孩子们模仿的东西
这是一种无形的力量

孩子们的确关注我们的一举一动，顺便说一句，成人也是同样的，如果不付诸行动，语言没有任何意义。

一旦我们把自己置于权威的位置，我们就要树立榜样。

- 父母是孩子的榜样。
- 经理是雇员的榜样。
- 医生是实习医生的榜样。
- 军官是士兵的榜样。
- 校长是老师的榜样。
- 老师是学生的榜样（也是其他老师的榜样）。

我们以父母为例。想象一下那些不工作、不能为孩子提供经济支持，只能依靠其他家庭成员抚养孩子的家长。这些家长很少与孩子们待在一起，在一起的时候对孩子也是非打即骂。他们把脏话当成自己的口头禅，他们撒谎、欺骗、偷东西，甚至还鼓励孩子也这么做。

作为旁观者，我们可以预见孩子是会沿着父母的道路走下去的。这很自然，因为孩子们会模仿为他们做榜样的人。

同样的道理也体现在课堂上。我们必须言行一致，因为我们的一举一动都被学生注视着。想想那些给我们做出坏榜样的老师们吧，他们可能展现出了以下这些特点：

- 经常上课迟到。
- 备课不充分，讲课没有章法。
- 说同事或者学生的闲话。

- 穿着不得体、不专业。
- 口语或者书面语言使用不当。
- 对学生和其他老师不尊重。
- 沉溺在与学生或其他同事的权力斗争之中。
- 丢失了文书材料。
- 缺乏把教学相关工作做好的能力。

你觉得在这些老师的带领下,孩子们能够表现得好吗?你能想象如果这些学生开始模仿这些"榜样"的行为,会有什么后果吗?那真是令人害怕!

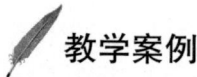 **教学案例**

一所大学正在当地公立学校建设"模范教室"。这所学校教育学院的教授们参加了学区每月一次的校长会,以便将学区所有的中学校长都吸纳进这个活动中来。教授们解释道,他们想建立一个跨地区的"模范教室"项目,使所有年级和学科的课程都可以得到表现的机会。教授们希望校长把这个计划的相关信息转达给老师,并且鼓励他们积极参与。选拔教师的程序包括提交申请、面试、学校管理层和同事的推荐以及5次随机的课堂观摩(由教授们来完成这一部分),最后选出的老师会得到数目可观的生活津贴,以及教授们的定期指导。教授希望校长跟老师们强调随机的课堂观摩的重要性。被选中的老师必须在任何时候都是学生们的最佳榜样,因为教育学院会在不提前通知的情况下派本院大学生来听课。

兰德女士是当地一所高中的校长,她回到学校给老师们开了一次会,在会上宣布了大学教育学院教授的提议。她跟老师们详细解释道:"如果被选上,你的课堂就是一个开放的课堂,教育学院的大学生随时可能走进教室听课。申请的过程很严格,而且必须严格。这些未来的教育工作者必须看到最好的教学过程,你将是他们学习的楷模。"她告诉老师们,在提出申请之前,他们应该先填写一份表格。她给老师们每人发放了一份"自我评价表",让参与申请的老师先填写这张表。

郎老师对此很感兴趣。她已经是一位指导老师,并且真心喜欢跟新老师在一起,协助他们开展工作。她有27年的教学经验,在教学生涯中6次被评为年度模范教师。郎老师就是那种令我们印象深刻,随时能够记起的受欢迎的好老师。她非常:

- 热情
- 充满活力
- 善于激励学生
- 善于启发学生
- 和蔼
- 严厉却非常公平
- 知识渊博
- 风趣幽默
- 勇于创新

郎老师像教育界的其他好老师一样,总是努力想要做得更好。她经常对自己的课堂表现进行事后总结，因为她总是在思考能不能把工作做得更好。她先读了读兰德校长在会议上分发的"自我评价表"，然后开始仔细地在选项前打钩。（她的表格详见本章后面的"正例"部分。）

司老师也希望申请成为"模范教室"的老师。她已经有17年的教学经验了，她其实非常有潜力，但是却挖掘得太少。她完成自己应该完成的那部分工作，额外的工作就不愿承担了。她上课、开会经常迟到，不过总是有借口。她有能力成为模范教师，却不能一直保持模范行为。这种前后不一致极大地削弱了她的竞争力。

郎老师和司老师都填完了兰德校长发给她们的"自我评价表"。因为知道填这张表的目的是为了帮助老师自我检测，并不会被其他任何人看到，所以她们在填表时都很坦诚。你会在"正例"部分看到郎老师填的表，在"反例"部分看到司老师填的表。

👍 正例

郎老师填完了"自我评价表"，她发现自己符合表格上列出的所有条件，为此感到非常欣慰。在得到领导和同事的推荐信之后（所有的推荐信都是她无可挑剔的教学表现的证明），她递交了申请表，参加了面试。教授们对她印象非常好，在随堂听课之后，印象更好了。郎老师的确是这一项目的合格参选者。下面是她填写的"自我评价表"。

教师自我评价表

（检查你是否符合下面的条件。这张表的目的是自我检测，不会给其他任何人看。）

∨ 我很守时，值得信赖。

∨ 我激励学生找到并发挥自己的潜力和天赋。

∨ 我很热情，精力旺盛。

∨ 我掌握所教学科的丰富知识。

∨ 我能连贯地执行纪律和规范。

∨ 我很少叫学生到办公室。

∨ 我每天都按时上下课。

∨ 我因材施教。

∨ 我提供多种机会供学生们展示自己，获得学分。

∨ 我班上的学生很少会不及格。

∨ 我的学生很尊敬我，我也同样尊重他们。

∨ 我总是在寻找做一名优秀老师的方法。

∨ 任何时候有人来听课我都很高兴。

观摩郎老师的课堂，所有的教授都发现：

- 老师很守时，学生也很守时。
- 老师很热情，学生也有激情。
- 老师严谨认真，学生也全神贯注。

- 老师尊重学生，学生也尊敬老师。
- 老师穿着得体，学生也按照学校规定着装。
- 老师讲解有条理，准备充分，学生回答问题也有条理，准备充分。

学生们完全在模仿郎老师！

> 注意：郎老师成了模范课堂的模范教师，她为新老师们展示了应该如何为学生树立榜样：希望学生变成什么样，自己首先要做出榜样！

反例

司老师也填写了自测表，把它当成自我反思的手段。她突然意识到，自己的课堂在成为优秀课堂、可以随时被听课之前，还有许多工作要做。不过考虑到"模范教室"项目要到第二年才启动，她觉得自己无论如何都应该报名。她提交了申请，参加了面试，教授们对她的印象不错。但在听课之后，他们改变了看法，认为司老师在教学上还存在很多不足。下面是她的自测表，一定程度上可以反映出这些问题：

教师自我评价表

（检查你是否符合下面的条件。这张表的目的是自我检测，不会给其他任何人看。）

  我很守时，值得信赖。
√ 我激励学生找到并发挥自己的潜力和天赋。
  我很热情，精力旺盛。√ 我掌握所教学科的丰富知识。
  我能连贯地执行纪律和规范。
  我很少叫学生到办公室。
√ 我每天都按时上下课。
  我因材施教。
√ 我提供多种机会供学生们展示自己，获得学分。
  我班上的学生很少会不及格。
√ 我的学生很尊敬我，我也同样尊重他们。
√ 我总是在寻找做一名优秀老师的方法。
  任何时候有人来听课我都很高兴。

通过对司老师授课情况的观察，教授们发现了司老师存在如下问题：

- 老师拖沓，学生拖拉。
- 老师缺乏条理，学生毫无头绪。
- 老师没有激情，学生缺乏热情。

- 老师远离学生，学生不亲近老师，开小差。

学生们完全在模仿司老师！

总　结

有句老话叫"行胜于言"，这句话用在课堂上最合适不过了，我们的一举一动都可能被学生效仿。只有我们的行动表现出对孩子的关心和爱护，他们才会听我们的话。教育学生根本没有什么捷径可言，试图寻找捷径根本是在浪费时间。事实是：我们希望学生怎么做，自己首先要做到！

- 如果老师不尊重学生，别指望学生会尊敬老师。
- 老师如果不以教书为乐，学生也不会以学习为乐。
- 如果老师不诚恳，也不要指望学生对老师诚恳。
- 如果老师不全身心投入教学，学生也不会全神贯注学习。

> 我是学生的榜样，我的所有行为会成为学生效仿的对象。他们一直在看，并且会把他们看到的每件事记在心里。

第一部分 小 结

接近学生是个需要勇气的工作，但也是一项最基本的工作。有时，它可能会令你觉得灰心和沮丧。也许你还曾经想过，干脆举手投降算了。不过如果你能坚持下来，即使没有让课堂熠熠生辉，你也很有可能成为一个脱胎换骨的新老师。

从事教育的人都知道，老师会一年比一年教得好，因为我们自己每年都在进步。直到我们真正成为了解学生的高手，我们就能更好地教育学生，就像我们最初许下的誓言那样传授他们知识财富。只有了解学生，你才可能真正教给他们知识！

让我们快速回顾一下，了解学生需要做到哪些：

- 我必须给学生留下完美的第一印象。
- 我必须相信感谢和赞扬的力量。
- 我必须十分自信，时刻都能掌控局面。
- 我必须学会一丝不苟地执行制定的规范，否则学生就会用他们自己的方式来讨价还价，甚至迫使我更改最初制定的规范。
- 我必须在执行学校规定时，前后一致、一视同仁，让学生清楚地知道一旦违反规定，必将受到惩罚。
- 我必须尽早联系家长，经常家访，与学生家长建立盟友关系，确保他们随时与我站在一起。
- 在不能协商的情况下，我绝不能妥协，以免与学生发生冲突。

- 上课时，我必须认识到无处不在的重要性，在教室里来回走动。
- 我必须坚信，我怎么做，学生就会怎么学，我是学生的榜样。

你必须相信自己，相信自己有能力每天都为课堂带来新意。你有能力和方法去了解学生，没人能够代替你。你不会被打败，除非自己主动选择失败。你自己就可以决定成为怎样的老师，请做出明智的选择！

HOW TO TEACH ALL STUDENTS

第二部分

如何转化后进生

授人以鱼，不如授人以渔

如果我只能教给我的学生一件事
我要教给每个孩子对一切都提出疑问的观念
好奇心会驱使他们自主学习
一个人发现得越多，钻研得也会越深
作为学生的老师，如果我能在他的内心点燃一把火
那我实际上改变了这个世界——影响的力量是无穷无尽的

第 10 堂课
营造井然有序的课堂环境

> **只要我还活着**
>
> 我确信曾经把它放在这儿了
>
> 我到处寻找
>
> 在门后面,在椅子下面
>
> 在地板上,在桌子下面
>
> 有一天我一定会变得有条理
>
> 明年听起来不错(只要我还活着)
>
> 我必须制订一个更好的计划
>
> 只要我还活着
>
> 明天就开始让一切井然有序

我承认，我是个很有条理的人，光是想到杂乱无章的情况都会令我感到畏缩。如果走进一间乱七八糟的教室，我的血压就会立刻升高。由于经常与老师们打交道，我见过许多教室，我可以毫无保留地告诉你，一间嘈杂凌乱、没有条理的教室反映的是教与学的支离破碎和混乱无序，这两者是紧密联系的。

我当然不是说没有条理的老师就不是好老师（或者没有潜力成为好老师）。我要说的是，如果这些好老师能更有条理的话，他们会变成更优秀的老师。

即使我们这些自认为很有条理的老师也有疏忽的时候，比如：

- 我们容许自己汽车的后排座位变得有点杂乱。
- 我们在家里的壁橱里塞满了东西，而且堆得乱七八糟。
- 我们把在冰箱里放置很久的食物推到后面，好放进新买的食物。
- 我们把杂物塞进卧室柜子里，关上门，显得很有条理的样子。
- 我们在每个学年结束的时候，找来一辆垃圾车，拉走打扫教室之后收拾出来的成袋的垃圾。

我们都做过这样的事情，我们都曾经历过这种"清洁日"。那么，一切归位之后我们感觉如何呢？感觉一定很好。因为通常当我们处于一个井井有条的环境中时，工作效率也会更高。当我们将自己的身体从杂乱之中解放出来，我们的心灵也同样从混乱走向平静。在这个父母每天都要工作的忙碌年代，我们发现，如果把每件事安排得有条不紊（不管是在家里还是在工作中），就能给家人带来更多美好时光。

这一点也同样适用于教室里，在这里，只要你能变得更有条理性，即使是最好的老师也还能更上一层楼——他们在时间安排上会更有效率，教学成果也会更加显著。我听到很多老师抱怨，没有足够的时间教完既定的教学内容。这的确是事实，尤其在今天这个考试至上的年代。不过，这仅仅是因为，如果两位老师在相同的时间内教授相同的课程，非常有条理的那位老师要比那位杂乱无章、因为没有条理而浪费很多时间的老师更有效率，教学也更有效果。

如果你已经是一位很有条理的老师，想变得更有条理，或者如果你已经混乱到极致，正在想办法从垃圾堆里爬出来的话，下面列举的如何变得更有条理的小技巧，可能对你有所帮助。

变得有条理的小技巧

- 确定你的空间有多大，思考如何整理这个空间，最高效地利用它。
- 先把你的个人空间安排好。记住，这是你每天生活的地方！
- 在你的教室里开辟空间和位置。
- 用带颜色的标签给所有东西做上标记。
- 给每一类东西准备一个容器，这些容器应该做好清晰的标记。
- 一件东西从哪里拿的，就要放回哪里去，这一点毋庸置疑。
- 给所有东西绘制详细的记录表。比如，制作并填写额外物品表格和暂时不用的物品表格。
- 用标签或不同的颜色把班级物品区分开（如果你教的不止一个班的话），然后再按照内容分类。让学生知道哪些是他们不能动的，哪些是可以动的。他们应该知道东西在教室的位置。

- 为学生们准备储物箱，在小塑料盒里存放教室里常备的用品（钢笔、铅笔、剪刀、胶水、尺子、橡皮、蜡笔、指南针、量角器、荧光记号笔、计算器等等）。在每张书桌里都放一个这样的盒子。在盒子上面写下坐在这个位子上的孩子的名字（如果你教的不止一个班的话）。告诉他们有责任每天检查这个盒子，如果发现缺了东西，要马上报告老师。也就是说，如果坐在这个位子上的上一个班的学生"碰巧"带走了盒子里的东西，老师可以找回这些东西。
- 每个组选一名同学充当物品监督员，告诉全组的学生教室里都有什么物品，以及摆放的地点。
- 为每件东西找一个摆放的位置，不要频繁更换物品放置的位置。

教学案例

回顾上个学年的考试成绩，虽然李老师（指代有条理的老师）和栾老师（指代乱糟糟的老师）同样带的是八年级的数学课，然而不同班级的学生成绩却有天壤之别。李老师的全班学生平均成绩达到了91分，而栾老师班上同学的平均分只有76分。新来的校长马女士对于栾老师的班级很是担忧，以为如果成绩再这样继续下去，就让人不能接受了。

马校长随机听了几堂两个老师的课，试图找到深层次的原因。每次听课，马校长都仔细观察并详细做了笔记。几次听课之后，马校长把所有的笔记汇总到一起，列出了每个老师的优缺点。研究比较了这些优缺点之后，马校长觉得没有必要再听课了，她已经找到了两个班级学生成绩存在差异的原因了。

👍 正例

每次走进李老师的教室都是一次奇妙的经历，能学到很多东西。马校长边看，边听，边学习，做笔记。她不仅关注教学过程，也留意教室里物品的摆放。她注意到每件东西都有固定的位置，每件东西都各归其位。很多东西经常用到，但学生们总会在用完之后放回原位。很明显，制度和程序都清清楚楚。如果这些东西不是各就各位的话，就会出现一个完全不同的学习环境。

李老师在时间上无可挑剔的安排也让马校长很是震惊。李老师似乎比其他老师更能在有限的课堂时间里加进更多内容。仅仅听了一次课，马校长就发现了这个秘密。事实上也没有什么秘密可言，李老师就是这么井井有条。教室物品的有序摆放，加上老师严谨细致的讲解，能够让她在更短的时间内讲授更多的内容。

在几次听课之后，马校长坐下来写下李老师教育教学的优缺点。在罗列了她的优点之后，马校长觉得列举缺点简直是浪费时间——她的教学找不到什么纰漏。

李老师
优点：
- 李老师在教室门口跟大家打招呼。上课铃一响，马上关上门开始上课，不浪费一点时间。

- 学生的信息填写在墙上的表格里，学生们的名字被数字编号代替。学生们可以找到有关他们迟到、课堂表现、家庭作业和缺席的记录。不必担心学生的私密信息被公开，因为表格上并没有显示名字。

- 教室布置得整齐而又有条理，以便高效地组织教学。李老师教5个不同的班级，她把所有东西都按照颜色做了区分。她和学生用收纳筐、图表袋、塑料袋、课程纸夹和公文夹装课程资料和文具，所有的东西都做了红色、蓝色、绿色、黄色和橙色的标记。学生们只能使用属于自己班级颜色的物品。

- 李老师看起来很喜欢组织那些需要学生们亲自动手的活动。每样东西都触手可及，拿取方便，不会因为准备不充分而浪费时间。

- 小组活动进行得非常顺利。李老师显然花了很多时间教给学生团队合作的技巧和礼仪，这样使得团队活动不会浪费时间。

- 李老师通过以下三个步骤从一项活动过渡到另一项活动：

  1. 她叫所有学生停下手头的事情。

  2. 她给学生30秒的时间收拾所有的材料。

  3. 她给学生30秒的时间准备下一个活动。

     注意：任何不能在规定时间内完成任务的学生都会被记录在日志上并扣分。

- 李老师用手势吸引同学的注意。这个过程迅速而且无可挑剔，因为不需要抱怨、请求、争辩或者是商量，所以也不会浪费课上的时间。

- 李老师的学生名单制作得漂亮、整洁，清晰地记录了每位同学的分数，更新很快而且很准确。

- 李老师设立了她所谓的"家庭作业热线"，学生进教室的时候把作业放到一个篮子里。在学生们进行课堂活动时，李老师检查篮子里的作业，然后记下没有完成作业的同学的名字，找到他们的联系方式。她的学生几乎没有人不完成作业！（进一步调查发现，李老师会给没有写完作业的学生家长打电话。她一直这么做，因此大多数学生都按时交作业。）
- 教室很整洁干净，没有垃圾。学生们离开教室之前清理自己的桌子，所有物品都要放回正确的位置。
- 李老师跟随着最后一排学生走出教室，准备上下一节课。她不需要打扫卫生，因为学生已经为她做了一切！
- 李老师很风趣，她工作安排周密，富于创新，兢兢业业。她对学生很和蔼，但对于规则和程序的执行很严厉。她尊重学生，学生们也尊重她。

反例

正如去李老师的课堂对于马校长是一次学习一样，去栾老师的课堂也是如此。不用说，这两种经历是截然不同的，马校长也预料到了（根据考试分数的巨大差异）。马校长边看，边听，边学习，记笔记，跟在李老师的教室一样。马校长不仅观察教学过程，也注意教室的环境。她注意到教室物品的摆放杂乱无章。物品的混乱摆放也同样反映了在教学当中，栾老师似乎总也找不到需要的教学用具。她两次让学生到办公室复印课堂需要的资料，因为忘了带自己准备好的材料。

这里很显然没有合理的规章制度，因为混乱局面一目了然。（当秩序和规则缺位的时候，它们的重要性就会凸显出来，因为这个时候你就会看到没有规章制度造成的混乱。）

马校长对栾老师课堂上浪费的时间之多感到十分惊讶。这种浪费从刚上课时学生们漫不经心地走进教室就开始了。因为没有合理安排让学生交作业的方式，收作业浪费了很多时间。没有专门放教学用品的篮子，所以栾老师打算让学生使用的许多东西都找不到（或许被人拿走了）。从一项活动过渡到另一项活动也要浪费不少时间。

虽然才刚刚开学两周，但是由于缺乏条理而导致时间不能有效利用，栾老师的课程进度已经比李老师落后了很多。

马校长又列出栾老师的优缺点。不幸的是，栾老师优点很少，马校长很难找到并记录下栾老师的优点。不过，马校长仔细分析了一下，她认为这些问题是可以解决的。一旦解决了，栾老师也可以成为优秀的好老师。

栾老师
缺点：

- 当学生走进教室时栾老师没空跟学生打招呼，因为她忙着收拾前面一个班的学生留下来的一片狼藉。
- 学生漫不经心磨磨蹭蹭地进入教室，宝贵的时间就这么浪费了。
- 教室不整洁，遍地垃圾，东西乱堆乱放，杂乱无章。
- 亲自动手——尽管在理论上被认为是非常好的教学手段，在实际操作中却很失败。因为缺乏条理而导致混乱和迷茫，浪费时间。
- 栾老师似乎没有准备好今天的课程，很长时间都在即兴发挥。

课文讲解支离破碎，不能达到预期的教学目标。
- 栾老师没有合适的铺垫吸引学生的注意力，因此，她把宝贵的时间都花在央求学生、与学生争辩和协商上了。
- 栾老师的学生名单不完整，缺乏条理，没有学生成绩的完备记录。
- 栾老师没有执行讲课进度计划，下课铃响了就下课。学生没有放好课堂上用的东西就离开了，书桌上面和里面都是垃圾。

如果我们能切实摆脱杂乱无章，在精神上也可以变得轻松。精心准备可以让我们井井有条，这样才能有效地开展教学。如果没有组织和条理，我们工作的效果会大打折扣。一个整齐有序的环境才是学习的肥沃土壤。

在一个杂乱无章、没条理的地方根本没法学习，而且如果老师没条理，就不能指望学生们很有条理。杂乱无章的外表掩盖了栾老师实际上是一个知识渊博的老师的事实，她只需要变得有条理，就能脱胎换骨，成为一名优秀的老师。

还记得上文提到的关于榜样的例子吗？我们怎么做，他们怎么学。李老师给我们树立了井井有条的榜样，而栾老师给我们树立了杂乱无章的"榜样"。李老师的学生很有条理，栾老师的学生却毫无章法。期末考试分数证明了一切：李老师班上的学生平均分是91，而栾老师的班学生平均只得了76分。

第 11 堂课
什么才是真正的有效教学

　　什么是有效教学？它是什么样的？如果学生在课程结束、离开教室时，没有学到新知识，那还存在有效教学吗？我认为不存在。有效教学有很多方式和形态，但是最起码必须要包括教与学的过程。知识必须要从老师传授到学生那里，否则学生无法学到知识。

　　想一想每天在你自己的课堂上发生的所有事情。你用了多少活动、多少教学方法和策略来激发学习热情？你能不能确定你的每一个学生在每天的课堂里都学到了一些新东西？在离开教室之前，他们是不是获得了之前没有学到的知识？

　　让我们快速浏览一下在典型的课堂教学中每天出现的教学实践活动，你认为哪些是有效的教学实践？

- 老师做演讲。
- 学生在老师讲课时记笔记。
- 学生抄黑板上的笔记。
- 老师发给学生下一章的笔记。

上　课

她直奔主题
不浪费一分钟时间
她告诉我们她的计划
确保我们全心投入

她很明确地告诉我们
她要教我们做些什么
她通常会讲一个故事
一个和新知识有关的故事

她告诉我们应该怎么做
我们认真地看着她
然后在她的帮助下试着去做
她会纠正我们的错误，但是很委婉

她帮助我们再做一次、两次、三次
甚至更多
当我们最终做对了的时候
她还准备了很多要做的事

她说"我觉得你们已经会了"
或是"自己试一试"
尽管这段时间她暂时离开，但我们并不是孤立无助的

就要打下课铃了
课程就要结束了
她对我们说，还有五分钟
我们可以快速复习一下

- 老师先对下一章进行概述，讲一个和这章相关的小故事，（与学生一起）学完这一章，然后记录这一章的笔记。
- 学生安静地阅读这一章。
- 学生独立回答这一章末尾的问题。
- 老师讲述与即将进行的活动相关的真实经历。
- 老师大声朗读文章，然后让学生们讨论生词。讨论结束后，学生查字典确定哪个定义是正确的。
- 老师给学生10个生词（没有上下文）。学生查字典，把生词抄在笔记里。
- 学生独立完成一组任务。
- 学生参加笔试。
- 学生在老师指导和帮助下进行分组协作活动，老师根据学生在整个过程中的表现打分。

在你继续往下读之前，请先确认一下你觉得哪些是有效的教学手段。（关键词是教学！）这并不是说任何一个或者所有的教学手段不能单独使用，而是说有些手段很明显不是好的有效教学的方法，因为它们没有教与学的过程。

在最近的一个学期，老师们研究、讨论了这些课堂教学活动。大家一致认为下面一些教学实践和手段是有效的（√）：

老师做演讲。
学生在老师讲课时记笔记。
学生抄黑板上的笔记。

老师发给学生下一章的笔记。

√ 老师先对下一章进行概述，讲一个和这章相关的小故事，（与学生一起）学完这一章，然后记录这一章的笔记。

学生安静地阅读这一章。

学生独立回答这一章末尾的问题。

√ 老师讲述与即将进行的活动相关的真实经历。

√ 老师大声朗读文章，然后让学生们讨论生词。讨论结束后，学生查字典确定哪个定义是正确的。

老师给学生10个生词（没有上下文）。学生查字典，把生词抄在笔记里。

学生独立完成一组任务。

学生参加笔试。

√ 学生在老师指导和帮助下进行分组协作活动，老师根据学生在整个过程中的表现打分。

在讨论过程中，老师们的总体感觉是：

- 长篇大论单调乏味，缺乏新意，学生们很快就失去兴趣，学习过程非常困难。
- 没有预习要学的新知识，学生对发到手中的笔记感到十分茫然，讨论之前记的那些笔记也毫无意义。
- 一些语言老师典型的做法是让学生读一章，之后回答课后的问题，并没有教学生怎么去阅读。（没有人反对一般情况下安静而持久的阅读，但是，它应该被用在适当的地方。）

- 过去那些"单词日"应该成为历史！（"单词日"是指一些老师让学生每周记 25 个生词的日子。学生被要求自己查字典，然后把单词的含义抄到笔记本上，周五考试。）

- 在学生们忙于应付一个又一个的任务，尤其在没有老师的指导、帮助、检查、讨论和复查的时候，学习效果很差。没有人反对将作业作为练习方式或者作为附加的教学手段，因为这是检查学生是否掌握了所学知识的一种途径，但是我们应该尽量少使用这些手段，有时候一到两个练习就足以了解学生是否弄明白了所学材料。

- 学生们参加测试，教学就中断了。学生的确需要测验，但是测验必须快速，这样才能保持教学的连贯性！

教学案例

　　来自地方大学的一组实习生正在当地一所中学进行教学实习。这所大学和这所中学有合作关系，所以大学生们被分配到这所中学。这些实习生不是分给一个老师，而是被分配给了一组老师（通常有4~5名）。因此，他们能够观察不同的老师，在不同的环境中教授不同的科目。

　　就像其他所有或者说大多数老师一样，我们会讨论我们各自看到的情况。在听课一周后，两名实习生在教师食堂吃午饭时，进行了一番谈话，下面就来看看这段对话的内容：

正例和反例

实习生甲： 你有没有听过刘易斯老师的课？简直不可思议！他让一切看起来都很简单，孩子们在那里也表现得很好。我不知道为什么会这样。

实习生乙： 我听过托德老师的课，但是我的体会与你不同。托德老师的学生很差，你都想象不到他们在课堂上会做什么事。

实习生甲： 但是刘易斯老师和托德老师是在同一个年级组，也就是说他们教同样的学生。

实习生乙： 是啊！我没想到这一点。给我讲讲刘易斯老师的课，我也给你讲讲托德老师的课。不过我们下周就会换老师了，到时候可以亲自体会。

实习生甲： 嗯，刘易斯老师非常和蔼可亲。学生很喜欢他，他也很爱学生。他不会让他们因为任何事情走神，学生们也清楚这一点。事实上，每天学生们从上课铃响一直到下课，始终全神贯注，不知不觉就下课了。

实习生乙： 你确定刘易斯老师和托德老师是在同一组吗？你描述的学生不像是托德老师班上的学生。

实习生甲： 我敢肯定，他俩教的绝对是同一批学生。伊薇特·布朗和克里斯蒂·海斯是他们班上的学生吧？

实习生乙： 是的！他俩太坏了，总是捣乱。你简直无法相信他们在托德老师的课上都做了什么，有一天他们把一个学生粘到了座位上。我认为是那个学生起立的时候，他们把胶水涂到了他的椅子上。他坐下来的时候，有两个孩子大笑起来，而且后来一直都在笑。我们大部分人不知道他们为什么笑，那个可怜的学生也根本没发现自己被粘住了。他没有挪动地方，一直到下课铃响他准备站起来的时候才意识到。那时候已经有点晚了，因为他们用的是新型粘合剂。托德老师后来告诉我说，他和看门人不得不剪开他的短裤才把他从椅子上弄下来。托德老师最后查出了始作俑者，现在伊薇特和克里斯蒂都暂时停课了。

实习生甲： 我真的不敢相信，他们俩在刘易斯老师的课上从来没有捣过乱。现在回想起来，他们也没有时间捣乱，刘易斯老师始终让他们忙于功课。我没有开玩笑。上课铃响就开始上课了。刘易斯老师做的第一件事就是介绍他所说的重点。他指给学生看教室里的某件东西，吸引他们的注意力。但他指的东西总不一样，所以学生们从来预料不到。这的确很有趣。他通常会联系学生们做过的事情，然后告诉他们课程结束时他们能做什么。仅仅是讲述教学目标一项，他就能想出各种各样的新方式，不管他做什么都很管用。

实习生乙： 嗯，如果是托德老师讲述他的教学目标，我根本搞不懂他在说什么。在我看来，他想做的只是让学生们保持安静，做完他们的功课，这样他自己就能坐在讲桌后面干点别的什么了。这也许就是他的学生们总是闯祸的原因。

实习生甲：刘易斯老师绝不会那样。他在整个过程中都和学生们在一起。现在想想，也许他的桌子后面根本没有椅子。

实习生乙：也许他把椅子给了托德老师。托德老师总是坐着，这样他的旧椅子坏了就可以换上一把新的了。

实习生甲（边笑边说）：这么说好像不太好。

实习生乙（边笑边说）：我知道，不过这是事实。

实习生甲：在刘易斯老师为同学们讲解课程的过程中，学生们的确需要他。不管他教什么，他总会先给学生示范应该怎么做。有时候在学生弄明白之前需要讲上三四遍。他总是对学生很有耐心，学生们也很欣赏他这一点。他会提出很多问题，让学生们都能参与其中，并且确保他们在他往下讲之前完全弄明白。他似乎很喜欢小组活动，几乎每天都进行。

实习生乙：小组？那些学生知道如何进行小组活动？你在开玩笑吧？那真是很难想象。我想可以用这样的标题介绍这批学生："在托德老师的课堂上，A小组把B小组的同学粘到了椅子上。建筑工人分秒必争，才把受困的学生解救出来！"

实习生甲：他们不仅会进行小组活动，而且进行得很好，他们看起来都很清楚具体应该怎么做。（刘易斯老师一定把他们训练得很好。）他们很快分成小组，我觉得他会给他们计时，也会在分数记录上给他们加分。活动开始后，每个人似乎都有不同的任务，他们会让其他人也参与其中。刘易斯老师从这个小组跑到那个小组，给学生提供帮助。学生们都争相邀请刘易斯老师加入讨论。我想他们都喜欢老师对他们的肯定，所以想让他走近看看他们在做什么。

实习生乙：也许托德老师该多跑动一下，这样的话学生们就不会捣乱了。事实是，他们因为太无聊了才会捣乱。你想想看，把一个人用胶水粘到椅子上其实是很有创造力的。我不提倡这么做，但是这表明学生的大脑在思考。也许托德老师再有创意一些，学生们就不会用自己发明的活动惹麻烦了。

实习生甲：你再看看刘易斯老师带的这同一批学生，你一定不会相信的！他们不仅不会把同学粘到椅子上，甚至从未想过用胶水破坏桌子。在下课前几分钟，刘易斯老师总会发起一个讨论，让自己和学生一起回顾一下本节课程。他们讨论今天都学了什么，在明天的课上如何更进一步。然后，他让学生们把教室恢复到进教室时候的样子。桌椅被摆放到合适的位置，课堂用具也都归回原位，为下一节课做好准备。漂亮极了！我希望我真的教书的时候也会遇到这样的学生。

实习生乙：你最好祈祷你不会遇到托德老师教的那样的学生，否则你的麻烦可大了！

实习生甲：不过他们教的不是同一批学生吗？

实习生乙：你说的没错，是同一批学生！

总 结

我们最后再看一眼有效教学究竟是什么样。我们知道它可以有多种形式,但结果是一样的:有效教学中一定包含教与学。如果一种教学方法不需要很多的讲解,不能激发学习热情,那么它就不是有效的。如果学生已经不需要老师的指导和帮助,那么他们一定是掌握了特定的技巧,这时就应该继续往下讲了。

每天,学生们都要带着刚学到的知识走出教室。如果不是这样,他们就不算真的学会了。如果老师没有教,学生也不会学。

但是,教不一定意味着总是由老师直接指导。比如在刘易斯老师的班级,老师一开始先指明方向,但又强调学生主动参与和讨论。在小组活动过程中,学生也一直追随刘易斯老师的指导进行。好老师会尽可能地采用多种有效的教学形式,这就是为什么他们的课总是生动活泼。以学生为中心,学生也会好好表现。

注意:学生的学习成绩不仅反映了学生的进步,也能反映老师的教学效果。老师们应该根据学生的成绩来衡量自己的成就,同时对自己的教学实践进行必要的修正。

第 12 堂课
把知识融入现实生活

对我们来说，所谓真实的东西一定是发生过的，或者在某个方面对我们产生了影响的。至少，我们必须能够和它建立某种联系，这样它才会显得真实。如果某件事是真实的，它就是：

- 现实的
- 真正的
- 名副其实的
- 有事实根据的

换句话说，我们给予它某些价值或者相信它是重要的。我们愿意相信，它会是某天我们也许用得上的什么东西。

相反，如果我们认为生活当中的某些东西不重要，没有根据，我们就会排斥它，认为它们与我们无关。很多东西影响我们的日常生活，这些东西对我们来说确实是重要的、真实的。总体而言，世界上存在着数不清的我们认为重要的东西，但是我们不会在任何时间把这

给我一些启发吧

老师告诉我，我需要掌握一些知识
等我长大一点，就能用得上
只要我的胆子够大，
我会直接告诉她我现在不在乎
几何与代数
历史、科学和英语
这些跟我有什么关系
我努力在想
不要告诉我在成年之后我会用得上这些
你根本没有意识到
这对我来说像是一种直接的侮辱
因为我还没成年
我没有办法
去想象从来没有见过的东西
所以如果你真的想让我感兴趣
让我有学习的动力
那么就拿要学的知识跟我接触过的事物做个比较
给我一些启发
一旦今天我能用到这些知识
你将无法想象我学习知识的热情

些东西都看作重要的事情。

让我说得更清楚一些：如果我们假定你是老师，当过老师，或者是打算当老师，那么"教师退休计划"将会是你的生命中某一时段重要的或者现实的事情。但是，你距离退休年龄的时间长短，会决定退休这个问题对于你的重要性或者重要程度。请看下面的例子：

一个星期五的下午,马上要打下课铃了。你一周的工作就要结束了。这是漫长的一周,下课的铃声就像是你的好朋友。但这时候校长踩着铃声走进来了,"打扰一下,我要宣布一个重要通知。我刚刚得到学校董事会办公室的消息,我们州的教师退休计划做了全面修订。这次全面修订的力度很大,会在很大程度上影响到我们。州教育部门的官员今天下午4点会到我们学校来传达新的提案精神,回答大家的提问。

问题是:你会参加这次会议吗?

答案是:很可能不会,除非你马上要退休了。

我最近和大约100名老师谈过这件事,我向他们提出了同样的问题。当问到会不会参加会议时,只有6个人举手。一个简短的对话告诉我们,这6个人都是马上要退休的人。这个会议对他们来说很有现实意义,因为会上得到的信息对他们的生活将会产生重大影响。接下来我问的问题是针对那些没有举手的老师的。我先问他们哪些人准备把教师作为毕生的职业,几乎所有人都举手了。我说:"这意味着退休计划修订最终会影响所有的人,那为什么你们不去参加会议呢?"大家一致认为,这件事实在太遥远了,目前关注退休计划太早了点。有人说:"我刚刚教了几年书,我退休的时候,退休计划肯定改过很多回了。"我说:"所以,这件事目前对你们来说似乎并没有实际意义。"

学生对于我们的教学内容也持相似态度。作为老师,我们的问题是,因为我们经历过,所以知道这些材料对于我们的未来将产生影响。但是我们要记住,我们的学生没有我们的人生经历。因此,我们必须想办法让所教内容与他们今天的生活发生联系！

你精心准备了一堂课，却有学生问你一个令人恼火的问题——"我们为什么必须知道这些"，还有什么事情比这更让人气愤吗？你知道我在说什么。我们都被问过同样的问题，感受过心中燃烧起来的怒火。停！不要发作，否则你会后悔的！相反，你要认真思考这个令人发怒的问题，因为这说明你忽略了把教学和学生的现实生活联系在一起。针对这样的问题，我们经常会给出下面的答案：

- 你必须知道这个，因为你有一天也会组成家庭，你也会付账单，查对支票簿，管理你的家产。
- 为了明年上高中，你必须知道这些。

如果你深入分析这些典型的答案，会发现对于学生来说这些都不足以说明问题。孩子们还没有组成家庭，不需要管理家产，他们也没有进高中，所以这些情景对他们来说还不存在，还很难想象。

在下一部分我们会看到怎么把枯燥的教学内容变成生动鲜活的具体事例。首先，让我们来看看如何让你的课堂更生动。

让课堂更生动的小技巧

- 记住，你是老师。课堂材料，比如课本、练习册、大纲，只是工具，你得让它们生动起来，贴近现实。
- 在开始讲任何一门课之前，把它与现实生活联系起来，但要确保是和学生的生活（过去的、现在的和可预知的未来的生活）紧密联系的。

- 给学生们讲他们能够想象的故事，可以是在某个学生、你自己或者是他们不认识的一个人身上发生的故事。如果他们能以某种方式跟这件事建立联系，你就成功了！

- 允许学生把课文与自己的生活、以前学过的文章或者现实世界联系起来。

- 尽可能多地开展动手实践活动。学生们如果能够操控一些东西，会做出很好的反应，实践能力会大大提高。

- 带他们去旅行考察。如果这与你教的课程在某一方面相关，即使只在校园里走一圈也会大有帮助。

- 回想一下你作为父母是怎么教自己孩子的。这种随时随地教育孩子的方法，同样可以运用到课堂上。实际上，在现实生活中我们不需要课本、手册或者活页练习题来教育我们的子女。在某个环境中，我们自然而然会迸发出教育思想的火花。

- 把课程当作一段经历的载体。比如，通过语言课教历史，通过工艺课教数学，通过体育课教社会学。

不幸的是，许多传统的教学方法不能引发真实的感觉或者反应，因此这些方法不能吸引学生。下面列举一些传统教学法，如果偶尔正确使用，不失为好的教学手段。但请记住，如果每天使用，长期使用，就会令人倒胃口。（注意：讲课和讲故事可不是一回事！）

讲课：仍然是最常用的教学方法之一，尽管很不奏效。想想有些老师，站在教室前面，无论是讲台上还是讲桌后面，用一种单调、平常、没有激情的语调长篇大论几个小时，你会感兴趣吗？你能学到多少东西呢？每天，为了逃避这样的课程，你又愿意付出多大代价呢？

我还记得一位喜欢跟我们谈话，而不是对我们训话的老师，她总是有办法把每件事都和我们的生活在某方面联系起来，她能保证所有的学生都能在课上分享他们的亲身经历。我们在语言文字上和思维上都会有新的创造，课程因此变得有意义。没错，她跟我们说很多话，却从来不会说教！

做笔记：不要误会我。我不反对学生不时写下点什么，但前提是，笔记有意义，建立在现有知识的基础之上。（事实上有很多有效的、很吸引人的记笔记的技巧。）但是，我反对没有教学过程的笔记，或者是介绍材料之前记笔记。

想象一个老师在用讲故事的方式给学生讲历史课时做有效笔记的场景。故事中的人物和历史事件都被老师在某方面与学生的生活联系起来，学生们了解了历史事件之后再做笔记就有意义了。学生们弄明白了写下的内容，所以笔记并不是毫无意义的浪费时间的工作。

还记得有些老师走进来就递给你几页笔记让你抄写的课堂吗？（老师还把这个叫作"学习指南"。）你要花好几个小时抄笔记，甚至再花上几个小时研究笔记。这些笔记毫无意义，因为这些材料从没有真的教给你！你还记得这个老师会说："现在的孩子们考试不及格，就是因为他们根本不学习！"那你的教学过程在哪儿呢？如果你参加研讨会时,主讲人递给你一堆笔记,让你抄写并学习,你愿意参加吗?

没有教师指导的默读:在你生气地把手上这本书扔到地上之前,我向你保证我绝不是反对阅读!事实上,我本人就是语言艺术老师,我喜欢读书,也乐意看到学生专注地读一本好书。但是我和你一样,不喜欢没有讲解过程的教学。还记得那位说"翻到课本第30页,读完故事后回答课后问题"的老师吗?

与上面的情形不同,我还记得曾经遇到过边读故事边讲课的老师。当时,我们也会按小组默读或者大声朗读,但在这个过程中,我们会通过讨论了解故事梗概。当遇到不熟悉的词就停下来,根据上下文线索确定词义。我们也会用字典,但必须是在利用了上下文线索和讨论之后才用。我们把这个故事与自己的生活或以前读过的故事联系起来。我们了解人物性格,甚至中途停下来编写、排练人物短剧。我们有时需要花整整一周的时间来读一个故事,但是我们从中学到了很多东西!

活页练习册:我不反对使用活页练习册,只要用得好。记住,用活页练习册有两个作用:第一,对所学知识的小检测;第二,作为附加练习来巩固所学的知识。我们都曾遇到过一个经常占着复印机、每周复印大量活页练习题的老师,她几乎每天都发给你一堆练习。她伏在讲桌上,拼命地给学生打分,此时你也没闲着,也在拼命做今天的练习。她甚至还会给提前完成当日作业的同学准备好明天的练习。

教学案例

在这一章里,我们要走进几个老师的课堂,这几个人都面临同样的挑战。每个人都希望自己能鼓励和启发学生,每个人都希望他们的学生向往知识,每个人都想让学生投入到每天的课程中来。然而其中一些人意识到他们必须创造一个能实现上述想法的环境,另外的则幻想奇迹能够从天而降。

我们来看几个从这些老师的课堂上筛选出来的正面和反面例子。

👍 正例一

艾维太太是一名二年级的新老师。在开学前几天她观察学生们的时候,对于他们的餐桌礼仪感到震惊。她不能相信有人居然用手抓饭吃,还有的学生吃东西时嘴张得很大,乱动他人的食物,几乎不用餐巾,把食物洒在桌子上。艾维太太突然想出一个好方法:正好她的数学课上要讲分数,她打算在一堂课上同时讲解分数和餐桌礼仪。她想让课程尽量生动一些,以便学生们同时学会两部分内容。她冲到商店买了课程所需的东西:独立包装的点心、餐巾、纸盘子、塑料刀叉、纸杯和果汁。

艾维太太第二天一早提前来到学校,她给每个学生的桌子上都摆放好所需的用品。等学生们走进教室时,她对学生们说:"请直接走到你们的座位上,安静地坐下。每个桌子上都摆放着蛋糕和果汁,不过大家现在不要吃或者喝,听我的指挥。我现在让大家做的是,先把餐巾放到腿上。"(学生们都很兴奋、很投入地完全照做。)

"现在,我希望大家都看着我,看我要做什么。"(所有的目光集中到艾维太太身上,这时她在黑板上画了一个圈。)"这个圈代表你们桌子上的蛋糕。我要大家看着我,说出我在做什么。"(艾维太太用自己的刀子,假装从黑板上画的圈的中间划过,把它分成两半。)她问道:"你们看到我在做什么?"一个学生回答道:"您把它切成了两半。""正确!"

"现在,习惯用右手的同学用右手拿起餐刀,习惯用左手的同学用左手拿起餐刀。"(所有学生按照她的口令去做。)"然后,用另一只手拿起叉子,握住。"(艾维老师同时用自己的刀叉、蛋糕做演示。)"把叉子叉进蛋糕,这样你才能固定住它,再用刀子把蛋糕切成两半。"(所有学生都照做了。)"现在,把你们的叉子放在这儿(她演示该放在哪儿),把刀子放在这儿(她指明正确位置)。请抬头往我这儿看。我切之前有多少块蛋糕?"一个学生答道:"只有一块。""那么我在中间切了一道之后呢?"另一个学生说:"两块。""如果我把切好的这两块拿走一块还剩下多少蛋糕呢?"有一个学生回答:"一半!"艾维太太说:"很好!"说话的同时,她在黑板上画的蛋糕旁边写下1/2。

"现在我要大家再切一刀,这次要垂直于刚才那一刀切。"(她又一次示范给大家看,大家照做。)"现在你们有几块蛋糕?""4块。""注意你还有一整块蛋糕,但是现在被分成了四份,每一份叫作1/4。"(艾维太太在黑板上写下4/4,表明我们有4个四分之一,她解释道,这加起来也就等于1。)

课程继续进行,艾维太太又组织大家展开了关于分数的讨论,并没有关于餐桌礼仪的讨论。这时艾维老师打算让学生吃蛋糕了,她开始复习怎么把餐巾放在大腿上,怎么用刀叉。然后她对学生说:"我们就要吃蛋糕、喝果汁了，但是我们先来复习一下餐桌礼仪。"接着，她问了如下问题：

- 餐巾应该放在哪儿？
- 该怎么拿刀叉？
- 刀子不用的时候应该放在哪儿？
- 动别人的食物对吗？为什么？
- 吃完饭之后该怎么处理盘子和用具？
- 如果不小心把食物残渣掉在地板上或者桌子上该怎么办？

讨论结束后，她让学生们开始吃东西。她观察学生，指导学生，确保他们都遵循正确的餐桌礼仪。那天午饭之前，她又带学生们复习了一下所学内容，提醒他们记住所学的正确礼仪，并在食堂吃饭的时候用上。她向学生们保证她会到食堂看他们，提醒他们。（她也确实这么做了。）

接下来的好几天，艾维太太都观察学生，随时提醒他们，直到他们养成好习惯。她的班级成为其他班级学习的榜样，她再也不会为学生们的用餐习惯感到烦恼了。而真正精彩的是，她利用数学课教给大家餐桌礼仪。整个课程非常生动，学生积极参与其中，学到了东西——而且同时上了两门课！这是生动教学的绝好例子！

👍 正例二

杰克森老师要给九年级学生介绍一本新小说，然而他发现学生都不愿意读书。在查阅了每个学生的成绩记录后，他找到了一个共同点：他们的平均阅读水平低于这个年级应该达到的水平。

教学常识告诉他，不惜一切代价逃避阅读的学生不可能提高阅读技巧。因此，他的任务就是让学生自己主动想要阅读，然后在这个过程中提高他们的阅读水平。

杰克森老师选了一本很有趣的小说，这部小说描述了主人公母亲死亡和死后发生的灾难。他知道学生们都会喜欢上这本书，但他必须先让他们读。杰克森老师首先给学生讲述了自己的亲身经历：他的母亲在他15岁的时候去世了。他告诉学生，母亲的死给他当年和现在造成的影响。他鼓励学生，也欢迎学生讲讲自己的事。接下来课堂上自然展开了一段漫长的互诉衷肠的讨论，一些学生讲述了自己失去某位亲人或者知道的其他人的类似经历。

杰克森老师又给大家讲了一些关于主人公托米的事："根据前面的讨论，我敢断定你们都会喜欢这个故事。这个故事是关于一个小男孩的，他在14岁时，母亲由于车祸去世了。他的妈妈在故事开始之前就去世了，但是你能从故事里托米的倒叙中了解他的妈妈。谁还记得什么是倒叙？"很多学生举起了手。一个学生答道："就是你回忆已经发生的事情。"杰克森老师说："答对了。而且随着故事的发展，你将发现自己会被托米记录的一些事情深深打动，难以忘怀！我刚开始读这本书的时候都不愿意放下它，这本书写得真的不错！"

杰克森老师的介绍吸引住了学生的注意力，使学生产生了兴趣。他不愿意通过分段朗读的方法让他们失去兴趣，经验告诉他这么做肯定会使学生觉得索然无味。所以，他让他们很放松地坐在椅子上，靠着椅背，翻开小说第一页。他朗读了第一段，这是很有感染力的一段，他读完之后停了下来，开始带着学生们讨论发生了什么，即将发生什么。他注意到"高潮"（culmination）这个生词在故事里出现了，于是他鼓励学生利用上下文猜测词义。学生们在他的指导下，自己推断出了词义。

当杰克森老师确信所有学生都明白了所读的内容，每个人都仍然保持全神贯注的时候，他继续往下读。他按照同样的方法教完了第一章：也就是讨论、预测、讲解词汇用法，比较其他课文和学生的亲身经历。在这一章结束的时候，他让学生回答几个问题，他相信学生能回答出来，因为他已经给出了正确的方法。此外，学生回答完问题之后，他们又通过讨论，对问题和答案进行了详细分析。

杰克森老师找到了攻克小说剩余部分的新办法。他用了老师大声领读、学生朗读、默读、结伴阅读和小组合作等方法，还发明了很多让大家参与其中的小技巧。他们花了很长时间才读完小说，但结果证明，花费的时间和精力都是值得的。有些人可能觉得这些方法是"炫耀"或者浪费时间，但杰克森老师认为这是成功的教学手段和学习过程。依靠这些生动的教学方法，他能让学生专注于这本书。学生明白了故事主线，杰克森老师乐于教，学生也乐于学。

👍 正例三

杜普雷女士是一名高中生物老师，她想让学生主动参与她的生物课。在下一单元，她要让学生了解百足虫的生长速度。杜普雷女士定了好几袋百足虫（而且是真的、活着的）。虫子在下午为学生上课前就运到了。她叫一个人照看这些虫子，她心里很清楚该怎么教这堂课，好让学生都参与并且着迷其中。

你听说过"一鸣惊人"吗？用在这儿非常合适。第二天学生们走进教室的时候，他们的桌椅都被重新摆放。所有的桌子都围绕着一个大实验台，这样学生们都能很清楚地看到实验台。杜普雷女士小心翼翼地拿着袋子走向实验台。（学生们看不到袋子里有什么，但是谜底马上就要揭晓了！）杜普雷女士让学生都坐好（任何桌椅的挪动都会造成小的骚乱），然后开始了揭晓谜底的过程。她把一大袋子令人生厌的小动物放到了实验台上！学生们马上叫作一团，有些人装作满不在乎，有些人开始仓皇逃离。

百足虫也许是很丑陋、令人毛骨悚然的小动物，但是它绝对不会伤害人，杜普雷女士决定通过手持一只百足虫来证明这一点。这是生物课，学生们习惯了把玩各种动物，所以他们很快平静下来。学生们的注意力都集中到了老师身上。她讲述这种动物生长非常快的时候，学生们都很认真地听。在谈论百足虫每个月的生长速度时，她鼓励学生写出一个数学等式，计算一两个月的时间这种小虫子会长多大。

这节课就这样进行下去。她并没有让学生抄笔记，给他们放电影或者对于百足虫的生长速度发表长篇大论，而是让课堂真实生动起来。再也没有什么比就出现在学生眼前，刚刚从洞里爬出来的活生生的动物更真实的了！

👎 反例一

今天又是约翰逊女士"背单词"的日子。学生们知道这一天要干些什么，因为他们都"训练有素"了。在第一学期，他们每周一都是学习单词的日子，课程是这样进行的：

- 上课铃响了。

- 学生拿出笔记本和词典。
- 老师用投影仪打出幻灯片，列出一张单词表。
- 学生用字典查生词，把定义抄到笔记本上。
- 许多学生上课开小差。
- 一些学生上课睡觉。
- 一些很有创造力的学生开始干别的。
- 这些富有创造力的学生被叫到办公室。
- 下课铃响了，学生离开教室。

学生没有投入其中，因为他们没有学习。他们不感兴趣，因为这些生词与他们无关。他们没办法把这些词本身与上下文中的词联系起来，因为他们都没看到上下文。

他们知道每周至少要学习20~25个生词。这些词通常都是从课本的下一篇故事里摘取出来的，也就是他们在完成词汇作业之后的周二要读到的文章。他们知道如果不在课堂上完成词汇学习，剩下的功课也要在课后作为作业完成。学生们每周要抄写一个小时的单词和释义，每周一都是如此，一周又一周。周五考试——每周五都是如此。

你一定能猜到周二做什么吧！

- 上课铃响了。
- 学生拿出课本。
- 老师叫学生们默读某一个故事。
- 一部分学生读了故事。
- 一部分学生回答结尾提出的问题。

- 很多学生都在课上走神。
- 一些学生睡着了。
- 一些很有创造力的学生自己设计自己的课程。
- 这些富有创造力的学生被叫到办公室。
- 下课铃响了,学生离开教室。

我不用再介绍更多的课程了,免得让你厌烦。约翰逊女士的课堂上可以说根本没有出现有效教学。学生们很不幸,不得不接受只有词汇学习和"读文章然后回答问题"的课程。我们知道这样的课堂不可能有生动的教学方法,因为它们与真实生活缺乏联系。

词典和课本是教学工具,但是老师必须要让它们鲜活起来!

👎 反例二

马修斯老师是社会学老师,他能告诉你世界上每个大城市、每个州、每个首都、国家、地区、河流和湖泊的名字。他几乎知道所有历史人物的名字,从克里斯托弗·哥伦布到马丁·路德·金。他甚至知道他们每个人的生卒年月,一生当中的每个重大事件。随便给他一个名字,他就会说出一句这个人的名言。

不幸的是,马修斯老师不明白有效教学的概念,他不明白不是每个学生都有和他一样的人生经历。马修斯老师有自己的教学方法,也就是传统的讲座、记笔记、考试,可是效果并不好,学生们的成绩都很差。

典型的马修斯老师的课堂通常是这样的:

- 学生走进教室拿出课本。
- 马修斯老师开始了单调无趣的讲解。
- 学生们疯狂地记笔记。
- 马修斯老师继续单调无趣的讲解。
- 学生们继续疯狂地记笔记。
- 马修斯老师结束了单调无趣的讲解。
- 下课铃响了,学生离开教室。

因为马修斯老师的学生都在奋力跟上讲课的进度,奋笔疾书,老师提供的信息都没有经过学生的大脑,直接写在了笔记本上。

马修斯老师的学生知道,如果想在周五的考试中得分优秀,他们必须要快速抄写笔记,而且善于记忆。那些笔记记得不全的学生没希望得高分,因为所有的学习都要通过笔记。周五的考试仅仅能证明两点:记笔记的才能和记忆力。

不幸的是,周五的考试并不能证明学生学到了足够的历史知识。如果马修斯老师几周之后要(对那些得分优秀的学生)突然进行一次同样的考试的话,就能有力地证明这一点。我敢保证这些"优秀"都将成为历史!

对我们来说真实的东西,一定是确实发生过的,在某些方面对我们产生了影响的。我们必须能够与它建立某种联系,才能让它变真

实。如果我们可以联想到一个主题，我们愿意把它放在我们的意识当中，把它当成可以在某个地方用到的东西。

另一方面，如果我们认为生活当中的某些东西不重要，没有根据，我们就会排斥它，认为它们不相关。如果我们不能把两者联系起来，也就不会对它产生兴趣。

帮助学生建立这种联系不容易，但是如果没有这种联系，教学就会如同在真空里进行。有时候，只有老师自己待在真空里，而学生们的思绪天马行空。

我们谁都不愿意对着墙壁讲课，但是我们却经常看到教室里有这样的情况发生。其实老师们完全有能力改变这种状况。信息可以是在课本、练习册或者电脑程序里，但老师才是让材料变得有生命力的源泉。不要待在毫无生气的教室里，而是要让课堂生动起来，这样材料才会生动起来。

第 *13* 堂课
因材施教

  我们每个人都各不相同：相貌不同，穿着不同，好恶也不一样。我们来自不同的背景，不同的民族，有不同的信仰。谁也不能否认这个事实，不管你喜不喜欢，每个人都不一样。这种不一样也反映在学习风格、学习偏好和学习能力上，因此，作为一名老师，如果我选择用同一种方式教每一个学生，只使用一种教学风格和有限的教学手段，我就把所有与我不同的学生都排斥在外了！

  认识到这一点以后，我们必须努力按照需要调整教学，形成不同的教学风格。这样我们的教学才能因人而异，真正满足不同学生的需求。你也许会说："我班上有26个学生呢！我要给每个人准备一堂不一样的课吗？"当然不是，这在任何情况下都做不到。但是你可以创造一个结合了多种教学手段的环境，你可以调整教学策略和活动，这样就能适应所有学生。

  我们必须抛弃过去那种万能的理论。鞋子和手套要分大小号，课程也是一样。如果我们继续在教室里推行过去的理论，我们教出来的学生风貌就不会多姿多彩，而只能是统一穿着加大码T恤衫的学生！

我就是我,我不是你

你说的话我能听到
但是我不明白
如果我今天不明白,明天也不明白
后天也不会明白
你可以一遍又一遍地说
但是没有意义
我不是不尊敬你,我就是不明白

你给我演示,画面就会显得更清晰
就像一束光点亮黑暗的房间
以前我待在这里感到恐惧迷茫
如果画面很熟悉,我就会觉得我来过这里
我能把两者联系起来
就想看见更多

你允许我亲自去参与,我明白
这样很有意义,所以我乐于这么做
你会来帮助我,但请让我先试一试
我不会放弃,因为我已经融入其中
我渴望做得更多
请允许我这么做
我会让你看到我能学会

在每个学校、每间教室，学生的水平各不相同。不幸的是，年级和实际学习水平不能画等号。假定我们都同意这个观点，那么如果对学习水平各不相同的学生同样对待，教授同样的内容，会怎么样呢？我们所做的只能是教那些恰好在这个水平的学生。经常有学生会感到无聊，因为教的内容对他们来说太简单了；一些学生会很茫然，因为他们还没达到那么高的水平。

以我的经验，我发现使用小组活动和团队学习的方式可以很好地在一堂课里适应不同学生的需要。要记住，在使用小组活动这一教学手段的时候你必须要灵活（团队的构成应该是不断变化的），你必须有条理，你必须是无懈可击的课堂组织者！我总能听到有人说（说实话，每次听到这些我都越来越反感）："我的学生太差，没法进行小组活动。我让他们做的事情够多了，他们都忙着做自己的事。"最近一个老师对我说："我的孩子们应付不了这些花哨的活动。"（我的回答是："真的是孩子们不能应付这些事吗？"）

做老师不能怯懦，这就是我们选择这一职业的必备素质之一。我们必须乐意迎接挑战。这的确是富于挑战的职业，没人能驳斥这一点。如果你是一个不熟悉或者不愿意接受多样化教学概念的老师，或者你觉得这件事太难、太辛苦，学生无法应付，下面一些适用于不同层次学生的小技巧一定会对你有所帮助。请试一试！

适应不同层次学生的小技巧

- 要有条理。(详见第十堂课)
- 要能完全控制课堂局面。(详见第四、第五堂课)
- 了解学生。如果你教同一个班时间长了,就会对他们有很好的了解。
- 向你的学生提问。谈谈教学方法、课堂活动、学习环境和学习实践,他们会很乐意跟你分享他们的喜好。
- 列出你最喜欢用的教学策略清单,加上一些你不愿意使用的策略。使用多种多样的教学手段(后面是一个教学手段列表)。
- 精心准备课程,安排好教学资料和活动顺序。
- 如果你打算用一种从没用过的教学手段,那么先计划好怎么教、怎么学和如何进行下去。
- 要给组内的学生设计不同的任务,这样组里的每一个人都有不同的事情做。
- 如果你是第一次尝试在教室里使用新方法,那么先要计划好怎么教、怎么学和如何进行下去的步骤。
- 准备以亲自动手活动为基础的课程。
- 对学生进行测评。(详见第十四堂课)
- 保证你自己积极参与活动。
- 对于学习方式、多元智能和多样化教学做一些研究。

教学方法示例

- 大组
- 小组
- 示范
- 提问和回答（老师指导）
- 提问和回答（学生指导）
- 开放式提问（培养批判性思维）
- 重点思考技巧
- 实践活动学习
- 指导下的阅读
- 共享的阅读
- 综合阅读和写作
- 持续性阅读和写作
- 技巧
- 指导下的实践
- 同行辅导
- 团队教学（老师、助教和成人导师）
- 讨论
- 辩论
- 解决问题的活动
- 批评
- 角色扮演
- 视觉教学、形象化教学
- 头脑风暴
- 图表设计者
- 图解
- 学习小组
- 录音、录像、教材
- 讲故事
- 演讲

用这个表评估一下你已经上过的课和将来打算要上的课。记住，我们的意图不是让每一天的课有所不同，而是在同一堂课里改变授课方法。在下面的"正例"部分，你会看到我最近观摩的优秀课堂的例子。

👍 正例一

我观摩过一个一年级班的数学课，这是一个包括几个"问题学生"在内的"混合班"。为了适应这些学生，专门从事"问题学生"教育的老师也参与进来。另外，这所学校还利用教育资金给学生聘请了数学和语文方面的专职辅导员，所以有3个老师要参与进来。

我走进教室，明显看到整个教师团队与学生之间有着很好的关系，也看得出课堂经过精心设计。我看到几组学生分散在教室当中，某些组只有两三个人。有3组在操作计算机，一个五六个人的小组一起坐在教室最偏远的角落。每个组都有人在说话，但是音量控制得很好，几乎不会分散别人的注意力。所有学生都在做事。一位老师正与这组的五六个学生在一起。两个老师从一组走到另一组，从一个人身旁走到另一个人身旁。我分辨不出哪些是普通学生，哪些是"问题学生"。

我看到操作电脑的学生在画柱形图（我不想用提问来打扰他们）。我注意到一组学生在进行操作，3个人在帮助另一个人，这让我很感动。老师正在带领学生们提问、回答和讨论，教师拿出一块白板，让学生在上面用不同的颜色写下答案（我后来得知他们是在写数学等式，颜色是用来区分不同部分的）。

之后，我与任课老师交谈，表达了我对于所有学生的需求都得到满足的肯定。不仅是他们的学习需求得到了满足，情感需求很显然也得了到满足。另外，考虑到在"普通教育群体"里加入了"问题学生"，我特意与"问题学生"的老师谈了话。她信心百倍地对我说，她的学生不管是学习水平还是社交能力都比几年前有所提高，学生们被叫到办公室训话的次数大大减少了。

说明1：

我必须补充一句，这不是我第一次观摩这位新老师的课了，所以我早已知道她是一位掌控课堂能力很强的老师。我刚刚描述的场景绝不会在缺乏掌控课堂能力的老师的课堂上出现。这点是任何课堂教学的关键，决定课堂教学的成败。

说明2：

我还要加上一句，考虑到教室里有3个成年人，理论上，这个例子可能被认为是太过完美。如果你这么考虑的话，你应该先想想这所学校的特点：被州政府贴上了"学生水平一般"标签的学校，这里绝大多数学生的平均水平都低于这个年级应该达到的水平。

👍 正例二

我走进体育馆，本以为会看到学生们往篮筐里扔球，但是我根本没有看到这些。事实上，令我吃惊的是，我看到了一群很健康的学生和一堂真正的体育课。

这个班一共有62名七年级的学生,两个老师(他们那天决定一起教课)在体育馆里布置了一些工作站。(另外有一组学生在另一半场地练投篮。)老师们一共建立了10个小型工作站,每个站大约有6名学生,所有学生听哨音从一个站跑到另一个站。一切都尽在掌握,有条不紊,效果很好。让我向你仔细描述一下上课的情形:

- 学生被分成几个小组,每个小组被分配到一个工作站。
- 听到哨声,每个组立即去下一站。
- 活动中途不间断,学生们30分钟内没有休息。(我注意到学生都携带数据卡片,记录每一站的信息。)
- 两个老师和大约5个被指定为助手的学生从这个站跑到那个站,帮助同学们。

下面是我看到的每一个站的情况:

- 3个测试心律的小型站均匀分布其中,学生们带着自己的数据卡片从一个小型站跑到另一个小型站。在测试心律小型站,学生自己测试脉搏(必要的话有学生或者助手帮助)之后把信息记录在数据卡上。(我在跟两位教练的谈话中得知,在前面一节课上学生们都学会了如何控制运动脉搏。)
- 在跳绳小型站,学生捡起一根跳绳在规定的时间里跳绳。
- 在举重屈伸小型站,学生们举起真正的木头,放到肩上,开始做屈膝练习。(我注意到他们把完成的次数记到数据卡上。这一站通常需要老师和助手的帮助,免得学生受伤。)
- 在另一个慢跑站,学生们在用红色的胶带画出的慢跑路线上慢跑。
- 仰卧起坐站也需要人帮助,有些人需要别人帮忙。
- 一名助手在跳远站记录立定跳远成绩。(我看到老师跑前跑后,帮助学生改善方法和技巧。)
- 在休息站,学生在用绿色胶带划分出来的地方站成一排。
- 我注意到俯卧撑站比其他站似乎带来更多麻烦,但是老师始终看着,确保练习正确地进行,在需要帮助的时候搭把手。

因为有3个测试心律站,所以一共有10个小站。学生锻炼了大约30分钟,但是因为有了测心律站和休息站,他们并没有过度劳累。很明显,有些学生(尤其是那些体力好的)不怎么需要帮助,但是所有人都根据自己的水平进行锻炼。比如,一名学生能在规定的3分钟之内做100个仰卧起坐,而另一名学生只能做50个。两个人都按照要求的最大心律的百分比进行锻炼,所以两个人同样努力。(设立心律测试站的目的就是确保每个学生都在要求的最大值范围内进行锻炼,心律是检验指标。)

很明显,这堂课适应了不同学生的需求。

- 活动多样。
- 在需要帮助的时候有老师或者同龄人帮忙。
- 每个人都按照自己的水平锻炼(尽管在做同样的运动),也尽力提高。

我把这堂课与典型的学习课堂做了比较，想象在教室里也设立同样的几个工作站，学生们各自进行不同的活动，同时运用一系列的方法。在数学课上，老师设立下面几个站：

- 第一站：计算机生成细分曲面。
- 第二站：手工制作细分曲面。
- 第三站：制作插图，获得细分曲面。
- 第四站：钻研获得细分曲面的途径。
- 第五站：用彩色美术纸制造自己的细分曲面。

当然，老师设计了每个站的要求，在开始运作时随时指导、帮助学生。

> 作为教师，你想为学生带来什么？不要畏惧创新，你的努力和创造力是学生的福音，创新能够为你带来无尽的快乐！

👎 反例

记住，我们的目的是使教学和活动有所不同，以适应不同的学生。学生需要我们的帮助，记住，如果有一个学生没有做好，一定是有什么方法不奏效！

让我们看看不奏效的一些方面：

- 每个人在全部或者大部分时间都采用同样的方法做同一件事。
- 缺乏教学策略上的变化。
- 缺少课堂活动。
- 不了解学生的个人需求。
- 没有老师帮助的瞎忙。
- 缺乏个性化的评估手段。

上面的列表让我们想起上一章最后提到的老师——约翰逊女士。如果你还记得的话,我们提到过她每一周的计划都一样。周一背单词,学生查字典,用笔记本记录一周要学习的单词,而每周二是"默读课文"的日子,学生默读文章回答后面的问题。(在你继续往下读之前我要说清楚,我并不反对持续性默读,而是反对一遍又一遍毫无新意地单独使用某一教学手段,因为这样对某些人来说是有限的或者需要质疑的成功,对其他人来说是失败!)

让我们来看看约翰逊女士一周的课程,你就知道学生的需要是不是得到了满足。

周一:抄单词。

周二:默读课文。

周三:回答跟课文有关的问题。

周四:完成跟课文相关的活页练习题。

周五:考试。

你觉得怎么样呢?

总　结

我们要采取不同的教学方法，以便给学生提供获取知识、消化知识、理解知识、利用信息和观点的不同选择。我们必须提供一个让能力不同的学生们在同一堂课上都能学到东西的环境。

为了适应不同学生，我们要使我们的课程有所变化。要接受这个观点，我们必须从内心承认学生有着不同的背景、兴趣、学习方式和反应速度，他们不是站在同一起跑线上的。如果事实并非如此的话，教书就不仅仅是世界上最简单的工作，也是最无聊的工作！

在同一堂课上适应不同的学生并不简单，也不是轻易就能做出的承诺，心智和意志力脆弱都不能做到这一点。但这才是我们做老师的原因！我们想教书，想让学生——所有的学生，而不仅仅是和我们相似的学生——学习，我们有义务竭尽全力达到这一目标。

第 14 堂课
运用"说明型评分"手段

当你准备一个活动、一次测评或者一项任务的时候
"我要怎么打分?"
这是你必须要问自己的一个问题
"怎么让学生确切地知道要求是什么
才能得到他们想得到的分数"

我很确定他们想清楚地知道该怎么做
从他们给我的答案中我可以知道
没有什么可奇怪的,我们都应该明白
我不会给他们打分,我只是记录下他们的回答

我一向认为根据我的观点打分是不公平的
在我看来这是滥用职权
所以我清楚地写明我希望看到什么
他们知道他们怎么回答就会有怎样的分数

我在教学生涯中使用"说明型评分"已经很多年了。"说明型评分"这个术语似乎很陌生，开始时，光是这个叫法就遭到了不少人的讥笑。现在想起来，刚听到这个术语时的情形还清晰地印在我的脑海里，就像昨天刚刚发生过一样让人难忘。我那时参加了一个教师研修班，主持人给每个组一张海报，在海报中间用很大的印刷体写着"评分表"。我们传阅了这张海报，每个人都要在上面写下自己对于这个词的定义。然后，每个组都要派人出来进行描述（我很讨厌这部分）。我记得我们写的定义很可笑，因为我们除了依靠想象力，没有任何东西可以参考，所以答案五花八门。

没有人给出正确的定义，但这是一个很好的导入方式。因为即使过去很多年，它依然让我印象深刻。（对于昨天刚刚发生的事我都不一定记得住！）

在主讲人介绍完之后，我就对这个词着了迷，"说明型评分"成了我最常用的评估办法。我记得最开始我用它来评价作文。那时我给一群水平不高的中学生教语言课，他们几乎不会写作文。但是，通过使用"说明型评分"的方法，我的学生不久就会写作了，而且几周之后他们就写得很好了。我最初的评价很简单，如下所示：

段落写作

_____段落首字母缩进。(1分)

_____主题句引人注意。(1分)

_____利用3~4个细节支撑主题。(3分)

_____段落用很好的结束语结尾。(1分)

_____所有句子完整。(5分)

_____所有句子首字母大写。(5分)

_____所有句子以正确的标点结尾。(5分)

_____满分:21分

_____你的分数

这些要求很简单,因为我的学生的写作水平还在初级阶段。我把能从他们的文章中看到的问题都包含在说明里,我向他们保证,只要做到"说明"上要求的一切,就可以得优秀。他们于是开始写作了,而且这成了一种习惯。我整个学期都用"说明"来提高他们的写作水平,这只要稍加要求就可以做到。我增加了以下内容:

- 复合句
- 主谓一致
- 拼写
- 词汇
- 修辞方法:明喻、暗喻、夸张、押头韵、拟人、象声词等我永远都不会忘记把学生的第一篇作文贴到教室外面墙上的那一天。学生们用心完成了作文，他们很骄傲。他们为自己的成功感到骄傲，也为自己的努力感到自豪。他们很骄傲，因为他们能够控制自己所得的分数；他们知道自己有能力，而且发挥了他们的能力。这个学区的督导恰巧那天在楼道里，看到了楼道里墙上的作文。她敲开我教室的门，走进来对学生说："这是我很久以来看到过的最好的中学生作文。"他们脸上的骄傲之情溢于言表，挥之不去。这是我终生难忘的时刻之一。这就像是蛋糕上的奶油，给学生带来了取得成功需要的动力。

"说明型评分"有许多作用：

- 它为学生制定了指导路线和参数。
- 它很明确，不用猜测。
- 它确保老师和学生的期望值在同一水平。
- 它使给作业打分更容易。
- 它是一种启发学生的方法，教多少由老师来定。
- 它迫使学生对于自己的作业负全部责任，得低分也不会怪老师。

有些作业的要求模棱两可，是因为老师们没有清楚地表达他们的期望。没有固定答案的问题很难打分，因为我们和学生对于好的答案通常有不一样的理解。"说明型评分"思路清晰，消除了学生的疑惑。

传统的测试方法不会模棱两可，但也缺乏挑战。过去的填空、正误判断和"所有人都给出统一答案"的考试不需要用到"说明型评分"，因为不需要用到批判性思维。每个问题都有一个确切的答案，每道题分值都一样。谢天谢地，现在老师们不再进行这类考试了，因为这样并不能评价学生高水平思考的能力。答案不固定的主观性考试需要学生分析应用信息，一个结构清楚的说明可以引导学生在答案中包含正确的信息。

行动计划

某个学校连续几年考试成绩直线下滑。根据州制定的标准，如果今后两年成绩还没有提高，这个学校就会掉到成绩最差梯队。这其中暗含的意义太重大了，所以这个学区决定利用一切资源拯救这所学校。这个区聘请了教育领域的咨询公司对这所学校从领导到老师，甚至还有监管人员都做了深入研究。这所学校的老师知道，他们的课堂会受到检视，并且在此过程中人们会评价他们的教学情况。遗憾的是，有人仍坚信老办法最有效，认为学校的成败掌握在学生手里。很明显，他们拒绝改变，潜在的问题逐渐清晰起来。

正例

阿尔伯特老师是社会学老师，他是我们能记住的那种典型的老师。以前，他使用讲课、记笔记、背诵和考试的方法，但是他很快意识到学生们学到的很少，记住的更少。他没能让学生与主题建立联系，也没能建立急需的师生关系，这一现实令他的理想破灭。他想让学生自然而然地爱上历史，就像他一样，但是好几堂效果不佳的课程、糟糕的成绩和不眠之夜让他意识到自己才是关键。学生不会改变，学校不会改变，家长也不会改变，当然历史更不会为了适应他的教学方式而改变！阿尔伯特老师希望自己够以一种学生参与其中，自己也能发挥才能的教学方式把他喜爱的学科教给学生。

在过去的几年中，阿尔伯特并不情愿改变。但是他注意到学生的不及格率在提高，他想尽其所能改变这一状况。这时，这个有着22年教龄的老教师做了一件太多老师都不愿意做的事情：寻求帮助。

在某年的暑假，阿尔伯特老师参加了一个社会学研讨会，他把会上很多有价值的资料和创新思想带回到社会学科目，他与人分享自己所学的知识，同时也号召大家这么做。然后他回去工作，他觉得今年肯定会有所改变。结果的确如此。

受雇评估学校的私人咨询公司成员立刻注意到了阿尔伯特老师的课堂。他们被学生们浓厚的学习兴趣和所有学生都通过考试的现实震惊了，他们对学生们有如此多的机会去进行考试训练也很震惊。（缺乏得分机会是阿尔伯特老师以前课程的最明显的缺陷之一——他总是一直在讲课，最后有一个综合考试，很多学生都不及格。）顾问们注意到阿尔伯特老师仅仅讲授一小部分——他特别关注历史人物的生活，把他们的生活与学生的生活联系起来。大量的课堂观摩表明，阿尔伯特老师：

- 多次讲授材料。
- 把课堂与学生的生活联系在一起。
- 鼓励需要进行思考的讨论。
- 经常对学生进行测评，运用很多利用主观思考的模式。
- 用"说明型评分"来评估日常测验、团队协作任务、项目和考试。

下面是从阿尔伯特老师的一次考试中抽取的考试项目样例（附有说明）。

描述刘易斯和克拉克的旅行。

你的描写一定要包含如下几点：

他们做的准备。（3分）　　　　　＿＿＿＿＿＿

他们是怎么筹得旅行资金的。（1分）＿＿＿＿＿＿

路上面临的至少3个障碍。（3分）　＿＿＿＿＿＿

至少3个走过的景点。（3分）　　　＿＿＿＿＿＿

他们面对的自然条件。（4分）　　　＿＿＿＿＿＿

你认为能想到的更好的想法。（3分）＿＿＿＿＿＿

书写工整。（3分）　　　　　　　　＿＿＿＿＿＿

写作的规定：首字母缩进，标点符号、句型完整，

首字母大写。（4分）　　　　　　　＿＿＿＿＿＿

满分：24

你的分数：　　　　　　　　　　　　＿＿＿＿＿＿

阿尔伯特也改变了他好几周才进行一次考试的模式，而是一边继续讲课，一边做小型评估。（前面给出的试题样例是他会单独使用的问题，每天都会进行抽样调查。）他很快意识到这样做，学生会得到更多练习的机会，他们的分数也越来越高，总体的及格率也提高了。这些小的成功激励学生想要做得更好，于是形成了良性循环。阿尔伯特老师弄清楚了，他过去每两个月进行一次考试，没有创造机会考查

学生是不是理解了所学信息，哪些信息没有被吸收。在他使用评分说明之前，他的指令和期望都不清晰，他的期望和学生的期待不一样。现在，通过利用"说明"，这些就一目了然了。

阿尔伯特老师着迷了！他不仅是每天和一段时间后进行书面测试，还开始在小组协作活动和项目中也采用了"说明"。他班上的学生尝到了成功的甜头，他们的心情味蕾渴望品尝更多成功。多年潜存于阿尔伯特老师身上的潜力释放了出来，他成了一名成功的老师。他是依靠开拓思路、不断改变才做到这一点的，他是自己作出改变，而不是试着改变学生，效果令人震惊。

👎 反例

阿尔伯特老师教室的对面就是汉森太太的教室。可以肯定的是，跟阿尔伯特老师不同，汉森女士还没有意识到要做改变呢。汉森女士班上的成绩最近几年都呈明显下降趋势，但是汉森女士不想为此承担太多责任。她只是继续指责学生和家长的冷漠，认为他们才是成绩下滑的原因，而没有意识到自己有能力改变这一状况。（如果你还记得的话，我们提到过阿尔伯特找到了消除冷漠的办法：他只是向学生表明他们可以成功，这样冷漠就消失不见了。）

进一步的研究和无数的课堂观摩证实了校领导的质疑：

- 汉森女士总是长篇大论，让学生做笔记。
- 汉森女士没有改变过测试方式。她还是沿用旧的"传统可靠的"包括上次考试内容和新学内容的测试。
- 很少有课堂讨论，没有什么机会提高批判性思维能力。

- 大多数考题都是客观题。
- 没有用到"说明型评分"。
- 考试成绩都很低,也没有几次成绩记录。
- 学生们没有很多测试机会,因此也无法感受到成功。
- 学生习惯了在汉森女士的课上考试不及格,所以他们的自我期望值很低。

被问到这些问题时,汉森女士指责学生表现不佳,对学习不感兴趣,学生家长参与度也很低。毫无悬念,汉森女士的学生那一学年分数又很低。愚蠢这个词的定义仿佛出现在脑海里:不断重复做某事,却希望出现不一样的结果!

总结

改变很困难,但却是必要的。很不幸,我们经常是为了一棵树而失去了一片树林——尤其是那些在树林里待了好多年的人!

过去的填空、正误判断和"所有人都给出统一答案"的考试不需要用到"说明型评分",因为不需要用到批判性思维。每个问题都有一个确切答案,所以不能激发学生进行思考。谢天谢地,现在老师们不再进行这类考试了,因为这样并不能评价学生高阶思维的能力。没有固定答案的主观性考试需要学生分析应用信息,这时一个结构清楚的说明可以引导学生在答案中包含正确的信息。

如果你还没这么做,请不要犹豫,赶快尝试一下这种测试方法。

你的学生会感谢你,他们的父母会感谢你,校领导也会感谢你,咨询公司也会离你而去,这样你就能回去教书了!脚踏实地地教学和学习吧!试试看吧,你会爱上它的!

第二部分 小结

教育学生——实实在在地教给他们知识——不是一件容易的事，这需要努力、勤奋和积极改变。优秀老师的每个学生在离开教室的时候，都会学到许多新知识。

好老师知道，他们必须以不同的背景、要求和能力水平看待每一个学生。好老师知道，学生们学不会可能是因为他们没有联系实际，好老师知道，他们自己就是关键。

从事过这一行业的人都知道，我们一年比一年教得好，因为我们自己每年都在进步。只要你明白不应该怎么做，并且积极改变，你就能成为很棒的老师！

让我们快速回顾一下教学需要做到哪几点：

- 我们必须很有条理，才能高效地利用宝贵的时间。
- 我们必须分辨哪些是有效的教学方法，哪些是无效的教学方法。
- 我们必须利用真实的教学策略，使材料栩栩如生，让学生身临其境。
- 要适应班上的每一个人，我们必须采取不同的教学手段。
- 我们必须学会利用多种评估方式，结合"说明型评分"这一有力的评估手段。

你必须相信自己，相信你每天都能为你的课堂带来新意。你有能力，也具备必要的方法和技巧有效地教育所有学生。要知道应该怎么做才能做得更好，也要知道不能怎么做，要积极改变现状。学生的成功很大程度上取决于其老师的选择，让你的学生成功吧，你有这个能力！

入选《中国教育报》"影响教师的100本"

专业、权威、实用的课堂教学/课堂管理方法　教师学习与发展的最佳实操手册

从优秀教师到卓越教师

好老师征服后进生的14堂课
应对问题学生的有效工具，
让教育变得轻松、生动、有效
定价：39.90元

好老师可以避免的20个课堂错误
立竿见影的解决方法，快速提高
课堂掌控力
定价：39.90元

好老师因材施教的12个方法
有效实施"以学生为中心"
的差异化教学法
定价：22.00元

好老师应对课堂挑战的25个方法
真实场景示范，实战+心得，迅速
提高中小学课堂效率
定价：25.00元

好老师激励后进生的21个课堂技巧
规范行为习惯、提高自控力、激发
学习动能的有效策略
定价：39.80元

美国著名"问题学生"教育专家30多年教育经典之作，立竿见影的解决之道。事半功倍的教育成效，让后进生快速成为优秀学生。

英国"以学生需求为中心"的课堂管理/教学法系列

风靡全球教育界的"五彩书" | 深受200多万教师推崇和追捧

[英] 罗博·普莱文 著

7天成功的课堂管理,
让教与学直接"变现"

第一分钟抓住注意力,
无聊课堂变"欢乐天堂"

助力小组合作,
掌握持久、可迁移的理解式学习

专治"问题学生",
课堂管理"行为工具包"

让每1次对话都积极、
互动、有意义,
管理有成效

从备课开始,
到上课、说课、做课,
做一个魔法教师

可见的学习与思维教学

让教学对学生可见，让学习对教师可见

ISBN：978-7-5153-4500-0
作者：[美] 玛丽·凯·里琪
定价：29.80元

★ 获《中国教育报》"2017年教师喜爱的100本书"奖；获中国教育新闻网"2017年影响教师的100本书"奖。
★ 首次将全美最受追捧的"成长型思维模式"运用课堂教学的权威指南；
★ 成长型思维教学打造真正的因材施教、回应式课堂。

内容简介： 本书运用著名心理学专家卡罗尔·德韦克创造的"思维模式"理论于课堂教学实践中，既有心理学、脑科学、思维训练等专业知识，又有注重差异化、回应式课堂的建构式教学系统，以及可应用的成长型思维模式塑造方法、任务和建议，更有大量图表、计划模板等教学工具，教师可以充分参考或直接使用。以生动的案例和实践步骤，将可运用的成长型思维教学技巧娓娓道来，破解思维能力培养难题，为学生学习和成长寻找到了"捷径"。

全书用科学的理论和具体可行的操作建议引领教师接受成长型思维模式；针对学生核心素养培养的教育目标，教师重新审视课堂，改变思维方式，明确教学的思维航向，在课堂教学、师生关系、学校氛围中，打造出学生智力、行为、学习与思维方式的创新教学模式；培养学生成长型思维方式，改变学生对自身能力和潜力的固定思维，从失败中学习，不断挑战自我，认定努力和困难能创造新的神经元连结，让大脑越来越聪明，最终成为具备极强学习能力，保持学习热情，主动追求卓越，自信健康的优秀学生。

智能课堂设计清单

帮助教师建立一套规范程序和做事方法

作者：[美] 史蒂夫·斯普林格
　　　　布兰迪·亚历山大
　　　　金伯莉·伯斯安尼

定价：49.90元

出版社：中国青年出版社

ISBN：978-7-5153-5298-5

获美国《学习》杂志"教师必选奖"

获《中国教育报》"教师喜爱的100本书"奖

加州大学洛杉矶分校（UCLA）等名校追捧的课堂管理模式

美国教育界"金苹果"奖、麦格劳-希尔奖明星教师经典之作

　　这是一个真实的课堂，有趣极具吸引力的智能课堂；一套系统、严谨的规范程序，一条清晰的成长路径；100多种清单、图表、范例、步骤和方法，简单、具体、高效，可直接复制，让课堂教学秩序井然；用设计"清单"，持续、正确、高效地把工作做好，确保学生获得更为有效的学习体验。

◎ 智能教室布置设计　　　　　　◎ 行为管理方法

◎ 课堂管理工具箱　　　　　　　◎ 教室外活动清单

◎ 课堂教学技巧　　　　　　　　◎ 课程标准和要求

◎ 考试和评估清单　　　　　　　◎ ……